农民合作社
制度思辨

Speculation on
Cooperative System

钱 淼 著

山东人民出版社

国家一级出版社 全国百佳图书出版单位

图书在版编目（CIP）数据

农民合作社制度思辨／ 钱淼著. —— 济南 ：山东人民出版社，2017.3
ISBN 978-7-209-09667-6

Ⅰ．①农… Ⅱ．①钱… Ⅲ．①农业合作社－研究－中国 Ⅳ．①F321.42

中国版本图书馆CIP数据核字(2016)第212092号

农民合作社制度思辨

钱 淼 著

主管部门	山东出版传媒股份有限公司	
出版发行	山东人民出版社	
社　　址	济南市胜利大街39号	
邮　　编	250001	
电　　话	总编室（0531）82098914	
	市场部（0531）82098027	
网　　址	http://www.sd-book.com.cn	
印　　装	山东省东营市新华印刷厂	
经　　销	新华书店	
规　　格	16开（165mm×238mm）	
印　　张	10	
字　　数	250千字	
版　　次	2017年3月第1版	
印　　次	2017年3月第1次	
印　　数	1—1000	
ISBN 978-7-209-09667-6		
定　　价	39.80元	

如有印装质量问题，请与出版社总编室联系调换。

序

从罗虚代尔到现在，合作社制度也走过了一个多世纪，就是这样一种同现代企业制度的效率相比，几乎没有优势可言的经济组织制度，却在全球依然彰显着其独到的魅力与勃勃生机。而在当今中国，在东方睡狮觉醒之刻，合作社更是以燎原之势，瞬时覆盖了华夏大地。在广大的农村，合作社已经遍布视野所及之处，但效用是否如我们所期？

合作社是农村经济领域被持续关注的焦点，这种经济组织形态从获得承认伊始，就处在学术界争论最激烈的地带。合作社的研究者、实践者都在从自身的视角诠释着中国合作社的内涵与外延，但是谁也不能否认合作社的本质，即在当今效率至上的时代，它是唯一能够真正体现公平分配，惠及劳动大众的经济组织制度。同时，也没有人能够回避合作社发展过程中诸多偏离其本质的漂移以及现实中那些变异的实体。

中国合作社的发展处在转折点，问题不仅不可回避，而且迫待解决，而今正是为合作社指明未来方向的时刻。规范分析者喜欢把中国的合作社制度与罗虚代尔、国际合作社联盟原则对比，或者把若干合作社的实践抽象化，与那些经典原则或是我们的示范章程逐条比对，从而得出结论，合作社是不规范的、是假的，正所谓知其不足却不知其所以然。实证研究总是寄希望于洞察中国合作社的真正运行机制，发现许多有效的模式，却苦于没有经典原则的理论支撑，缺失学理与法理的支撑。纵观中国经济体制改革的历史，道路都是在基本国情下蹚出来的，纵使合作社在国外已有百年历史和成熟的经验，但中国合作社的产生与发展，必然也要在我们特定的社会环境中做出适应性的变革，过分恪守原则与照搬模式则难免"刻舟求剑"。

合作社制度的引入与发展使我国摆脱了由后"家庭承包责任制"时代向"小农经济"剧烈回归的宿命，是进入新世纪以后我国政府推动下的一次农村经济体制创新。新常态下，我国的经济体制改革逐步进入深水区，市场的资源配置作用被解锁，改革开始由政府主导转向市场化引导，而对政策有着较强的依赖性的中国合作社制度也出现了许多变化。在实践中，合作社含义已经宽泛化，合作社不断实现着对传统合作社原则的革新，专业合作之外的多种合作社制度陆续出现，这种现象被认可并作为新型农业经营体系的多元化的特征。

剧烈的环境变迁为中国合作社制度积累了足够的演进诱因，合作社的制度体系也到了要重新考量的时候，一个自适应的演进过程已经开启。合作社制度的演进是指其从单纯的专业合作制度向专业合作、股份合作、联合社和新一代合作等多种制度复合而成的经济形态变迁的过程。在这个过程中，传统的合作社在理论层面不断突破与革新，新的合作社制度在实践中不断发展，中国的合作社的定性也因社会各阶层对其认识的混乱而变得模糊，当前合作社制度演进问题迫切需要学理上的解释。同时现实中越来越多的新类型合作社在农村区域开始出现，逐渐改变了原有的农村经济结构和农业生产经营方式，使农村区域环境开始发生变迁。

目 录

第一章 绪 论

一、本书的时代背景：合作社制度的变革前夜

中国幅员辽阔，各地经济发展差距很大，其地形、地貌和气候条件差异很大，农业经营者生产的农产品又各不相同。现今，在工业化、城镇化的带动下，农业劳动力正在大规模向城镇和非农产业转移。因此，在家庭经营这一基本形式的基础上，农业必然会根据生产经营的实际需要，演绎出多种多样的具体经营形式。① 从我国人多地少的基本国情和当前经济社会发展的阶段性特征出发，要提高农业经营主体的生产效率，除了需要进一步加强农田水利等基础设施建设、大力推进农业科技进步、完善国家对农业的支持保护体系、加强农产品的市场流通体系建设等之外，推动农业经营体系的创新，也能发挥出巨大的能量。当前我国农业、农村发展呈现出了明显的阶段性变化，其主要可以概括为四个特点，即农业生产综合成本上升、农产品供求结构性矛盾突出、农村社会结构发生变动、城乡发展加快融合。不过，值得关注的是，我国目前农业经营体系的专业化、职业化、组织化、社会化程度还很不够，这与农业、农村发展的阶段性变化并不适应。由此，目前我国农业的发展已经进入了加快构建新型农业经营体系的阶段。② 在这个阶段中迫切需要解决的问

① 陈锡文.构建新型农业经营体系刻不容缓［J］.求是，2013(22): 38-41.
② 孙中华.我国已进入构建新型农业经营体系阶段［N］.中国经济导报，2013-05-18.

题首先是经营主体的问题。我国农业集约化、规模化水平偏低，农业社会化服务体系不健全，农业生产经营比较粗放，农村青壮年劳动力不断向城市和非农产业转移，农户兼业化、村庄空心化、人口老龄化趋势日益明显，"谁来种地"问题日益突出。这个问题的解决依赖于通过制度创新培育新型农村经营主体。其次是经营方式的问题。伴随着农业市场化的加速和农业发展业态的演进，农业生产经营方式发生了深刻变化，农业生产经营领域由产中向产前、产后加速延伸，农业机械化水平大幅提高，农业社会化服务更加便利，发展农业适度规模经营的条件日益成熟。再者是农业发展方式的问题。加快构建新型农业经营体系是适应农业生产高成本、高风险、紧约束的迫切需要。应对这些非传统挑战和风险，必须树立系统思维，以新型农业经营体系构建筑牢加快转变农业发展方式的制度保障。[①]

合作社是我国农村发展的必然选择。理论和实践证明，只要农业生产中最基本的特点——生产的生物性、地域的分散性以及规模的不均匀性存在，合作社就有存在的必然性。以农村为基础、以农民为主体、以农业为基本产业的合作社，是经济规律使然，是制度安排，更是我国农村经济发展的必然选择。[②]家庭联产承包责任制取代了农业集体制，其经济学实质是向"小农经济"的回归。这种类似于小农经济的家庭联产承包责任制，虽然在当时对农业生产力发展起到了很大的推动作用，但是在当今的适度规模经营大背景下，它的局限性也相当突出。合作社不是对家庭经营的替代或排斥，而是建立在家庭经营的基础上，对家庭经营模式的补充与完善。合作社将农民家庭经营的个体劣势转变为群体优势，以"民办、民管、民受益"为原则，不仅提高了农业的组织化程度，而且适应了农业现代化、商品化、专业化的要求，已经成为农村社会化

---

① 陈明星.加快构建新型农业经营体系［N］.农民日报,2014-02-08.
② 黄祖辉.研究合作社,发展合作社——评马彦丽的专著《我国农民专业合作社的制度解析》［J］.浙江社会科学,2007(11):223.

服务体系当中一个不可或缺的环节，为农业生产经营注入了新的活力。为了扫清以农民专业合作社为主体的合作社制度发展中的障碍，我国在2007年颁布了《中华人民共和国农民专业合作社法》，旨在确立农民专业合作社的法律地位和市场主体地位，并以此支持、引导、规范合作社的发展。

合作社在当前阶段开启了二次革新。目前农业的规模化、组织化程度与现代农业和农业新形势的要求仍然相差较远。因此，发展多种形式规模经营，构建集约化、专业化、组织化、社会化相结合的新型农业经营体系，成为新形势下农业发展的迫切要求。[①] 为了提高农业生产经营的效率，不同农产品的生产往往会对经济组织形态提出各不相同的要求。因此，合作社制度的多样化，是农业现代化过程中的必然现象，也是新型农业经营体系的重要特征。在实践中，合作社是最重要也是最具社会效益的农业经营主体，它在自身发展过程中不断创新，出现了农民专业合作之外的多种合作社制度，并逐步得到了社会的认可。"当前发展合作社，是将合作社含义宽泛化。所谓合作社，就是按照合作社的原则来兴办多种类型的合作社，基本原则是农民合作。目前各种各样合作社的形式越来越多，所以就用了一个宽泛的广义的概念叫合作社，把这些东西都涵盖进来，包括信用合作、社区合作、土地股份合作等。"[②] 最近几年，国家的政策导向也从单纯试探性地发展专业合作社过渡到全方位鼓励发

---

① 李中华.加快促进新型农业经营体系的构建［N］.光明日报,2013-09-20.

② 农业部经管总站站长赵铁桥对2013年11月15日发布的《中共中央关于全面深化改革若干重大问题的决定》中"鼓励发展合作经济,赋予专业合作社'财权、事权'"一条做出的解释。原出处为新华社2013年11月19日的专访,题名为《构建新型农业经营体系的三个关键点》。

展专业合作、股份合作等多种形式的合作社制度。① 政策当中也体现着对传统合作社认识的突破和对原有体制机制的革新，比如鼓励农户以土地承包经营权入股组建土地股份合作社，发展规模化生产，或以土地承包经营权折价参股农民合作社②、联合社等新型农业经营主体，发展农业产业化经营，推进财政支持农民合作社创新试点，引导发展农民专业合作社联合社等等③。可以说我国合作社的二次变革是在新的历史时期发展的必然，又是一种划时代性的制度创新。

合作社制度的演进已经开始，正从专业合作主导的一元化向着专业合作、股份合作、新一代合作等多种形态共同主导的多元化方向发展。在这个过程中，我们迫切需要重新认识合作社以及其形态的演进，解释合作社制度演进的动因，预测合作社制度体系的构成，这也正是本书的立意所在。

二、本书的理论产出：合作社制度体系的再认识

合作社是一个全球性的经济组织现象。无论在发达国家，还是发展中国家，在不同的社会制度下，在众多经济组织形式的竞争中，合作社披荆斩棘，生命不息。④ 中国的合作社制度植根于社会主义市场经

---

① 2012 年 11 月 18 日胡锦涛同志在十八大报告中首次提出了"发展农民专业合作和股份合作，培育新型经营主体，发展多种形式规模经营"的思路，之后 2013 年 12 月 31 日中共中央、国务院下发的《关于加快发展现代农业进一步增强农村发展活力的若干意见》中明确提出了"鼓励农民兴办专业合作和股份合作等多元化、多类型合作社"的发展方针，2014 年 1 月 19 日中共中央、国务院印发的《关于全面深化农村改革加快推进农业现代化的若干意见》中指出"鼓励发展专业合作、股份合作等多种形式的农民合作社，引导规范运行，着力加强能力建设"的战略思路。

② 近几年，农村合作经济的变化明显，股份合作等形态的发展已经初具规模，仅仅提农民专业合作已经不能涵盖整个农村合作经济的发展趋势。在《关于全面深化农村改革加快推进农业现代化的若干意见》中，首次提出农民合作社的概念，体现了对所有合作经济形态的包容与认可。

③ 《新型农业经营体系加快构建解决"谁来种地"难题》，农业部部长韩长赋在全国农业工作会议上的讲话，转引 2013 年 12 月 25 日新华网的专题报道。

④ 傅晨. 合作经济制度的传统与变迁［J］. 中国合作经济，2004(11): 22-25.

济这个大环境中，在市场经济日益深化的今天，合作社也在不断开展创新、拓展生存空间，合作社的理论和实践都在发生巨大的变化。在理论层面传统的合作社原则被不断突破与革新，在实践中新的合作社制度不断出现，中国的合作社的定性也因社会各阶层对其认识的混乱而变得模糊。

如果人们不明白不同的经济制度能获得什么，就不可能对不同的制度进行明智的选择，因此，我们需要一个理论体系来分析制度演进引起的效果。本书的研究目的是从合作社制度的演进中找寻更深层次的变化机理，从学理上来解释合作社制度的演进动因、演进规律。本书致力于使用制度经济学的理论和工具来解释当前的合作社制度演进现象，对当前我国合作社中的各种变化进行追根溯源，确定这些变化的诱因与方向，对合作社的内核保留和本质属性进行确认和定性，勾画出合作社的制度边界，并在边界内厘清合作社制度创新的演进线路。以上综合起来形成了一个较为完整的研究框架，这个框架最大的研究产出就是为现阶段的中国合作社的制度演进提供理论支撑。

在这个研究框架之下，现阶段由多而繁杂的合作社创新形态构成的合作社体系变得清晰，对合作社的变化与每一种新生形态的生成与发展的认识变得有章可循，对于制度演进的合理性会有更深入的理解，从而对未来合作社的制度体系做出更为准确的判定。在现实中，虽然诸多的变化是由环境变迁引起的，但在社会主义市场经济条件下，政府仍然是最有力的变革推动者，对中国合作社制度演进的原理与动向的掌握，会使政府在推进合作社发展时更加理性。

三、本书的研究基石：理论界对于合作社制度的探索

（一）对西方主流合作思想的回顾

西方合作社理论的发展体现了合作社的变迁和经济学理论的发展。随着农业的发展，合作社的形态和原则也一直在变化，经济学理论的不

断发展，为理解合作社的变化提供了有力的方法。由于合作社发源于西方，因此，合作社的实践和研究在这些国家和地区也是相对领先，西方合作社理论研究为我们的合作社问题研究提供了可借鉴之处，但同时也必须看到，我国农业生产具有独特之处，合作社是在中国国情下的产物，无论组织结构还是收益分配都有其特点。因此，有必要结合西方合作社理论研究的成果，从我国的实际情况出发，发展我国的合作社理论。同时我国正在进行一场大的经济体制变革，农业产业组织和生产技术发生巨大变化，合作社正处在十字路口，只有对其自身组织结构及经营机制进行及时而深刻的变革，合作社才可能持续地发挥其优越性。

世界第一个成功的合作社——罗虚代尔公平先锋社诞生于 1844 年，而关于合作社制度和合作社组织的经济学研究开始于 20 世纪 40 年代。1942 年埃米里扬诺夫（Emelianoff）出版专著《合作社理论》，1945 年恩克（Enke）发表论文《消费合作社和经济效率》，他们将经典厂商理论应用于合作社，视合作社为一种厂商类型，建立了一套有效的合作社制度的分析方法，使合作社开始作为社会科学中一门独立的学科出现，并推动了农业合作社理论的发展。

西方合作社理论研究大致可分为两个阶段：第一阶段为 20 世纪 40 年代至 20 世纪 70 年代，可认为是应用新古典经济学研究合作社的阶段。新古典经济学在一系列严格的假设前提下建立起看似严谨的理论框架，瓦尔拉斯的一般均衡模型堪称典范。这些分析的核心思想是市场是完全自由竞争的，交易费用为零，价格机制会将资源配置到帕累托最优。然而现实世界远非如此，新古典理论模型无法对现实世界众多经济现象提出令人信服的解释。第二阶段为 20 世纪 80 年代至今，也就是以新制度经济学为主的大量新理论、新方法（诸如交易费用理论、产权理论、委托代理理论、博弈论等）不断涌现并进入合作社领域的阶段。20 世纪 60 年代以后，经济学研究中发展起来一些新的理论，包括产权理论、交易成本理论、委托 - 代理理论和契约理论等，统称为新制度经济学。新制度经济学的异军突起，使经济学重新获得对现实世界的解释力，也为合作社理论研究提供了新的研究方法。因此，本书重点讨论新制度经济学研究框架下的合作社研究。20世纪90年代以来，合作社的理论研究有了更快的进展。新制度经济学成为用来解释合作社内部的组织效率问题以及内部制度变迁问题的新的分析工具，相关的研究成果主要集中在以下几个方面：

1. 合作社的产生原因

一反以往新古典主义从市场失灵角度解释合作社的产生，新制度经济学将交易费用理论用于分析合作社产生的原因。施塔茨（Staatz）分析了资产专用性、不确定性、外部性和科层对合作社成立的影响，认为合作社的出现是为了减少交易费用而选择的结果。[①]亨德里克森（Hendrikse）和厄尔曼（Veerman）运用交易费用理论来研究在农业营销合作社中，投资约束和控制约束的关系。他们用新制度经济学的工具分析投资者所有企业和合作社之间在控制和投资决策上的差异，认为由于合作社的决策权不属于资金所有者，因而在吸引外部投资方面不如投资者所有企业更有优势。当加工阶段的资产专用程度比农业生产阶段的资产专用程度低的时候，营销合作社是有效率的，而当加工阶段的资产专用程度逐渐增强时，营销合作社的效率就会降低，甚至影响其生存。[②]萨伯（Saab）以匈牙利的合作社为例，用交易费用理论分析，认为营销合作社在农业纵向一体化过程中会出现在其具有优势的领域。[③]

2. 合作社的产权问题

科斯在《社会成本问题》中提出产权问题之后，产权理论在阿尔钦、

① Staatz J M. Farmers' incentives to take collective action via cooperatives: a transaction cost approach［J］. Cooperative theory: new approaches, 1987, 18: 87–107.

② Hendrikse G W J, Veerman C P. Marketing cooperatives and financial structure: a transaction costs economics analysis［J］. Agricultural economics, 2001, 26(3): 205–216.

③ Staatz J M. The cooperative as a coalition: a game–theoretic approach［J］. American journal of agricultural economics, 1983, 65(5): 1084–1089.

德姆塞茨等人的努力下成为新制度经济学研究的重要出发点。产权安排决定了激励效果、行为方式和资源配置的效率。[①] 合作社的一种特殊产权安排方式成为新制度主义的研究对象。

康登（Condon）建立了一个理论框架用以证明财产权和合作社组织间的联系。[②] 库克（Cook）等应用产权理论对合作社的产权进行了分析，认为合作社的产权制度对社员有搭便车的激励。[③] 因为在绝大多数传统的合作社中，社员通过惠顾合作社获得其产品创造的部分收益，其拥有的合作社产权不能使社员得到全部收益。这种现象在社员资格开放的合作社中更为明显。同时，合作社的剩余索取权没有流动转让的制度，社员不能调整自己的合作社资产组合。同时，合作社的产权制度也对长期项目缺少投资激励。富尔顿（Fulton）等提出改善合作社的产权安排可以使合作社持续发展。[④] 哈里斯（Harris）提出建立合作社股份的二级市场，通过允许合作社股份转让来提高社员的投资激励和改善资产组合。[⑤] 修斯（Hueth）和马科（Marcoul）研究了合作社联合议价问题，认为联合议价是否能为农民带来定价方面的改善还有待证实。已有的实证研究证明，联合议价对农产品价格影响甚小，反倒是作为价格发现机制，在供求不确定的市场上发挥更重要的作用。[⑥]

---

① 赵子忱. 科斯《社会成本问题》的产权思想辨析 [J]. 南京大学学报（哲学·人文·社会科学版），1998(1): 75–83.

② Condon A M. The methodology and requirements of a theory of modern cooperative enterprise [J]. Cooperative theory: new approaches, 1987: 1–32.

③ Cook M L. The future of US agricultural cooperatives: A neo–institutional approach [J]. American journal of agricultural economics, 1995, 77(5): 1153–1159.

④ Fulton M. The future of Canadian agricultural cooperatives: A property rights approach [J]. American journal of agricultural economics, 1995, 77(5): 1144–1152.

⑤ Harris A, Stefanson B, Fulton M. New generation cooperatives and cooperative theory [J]. Journal of cooperatives, 1996, 11: 15–28.

⑥ Hueth B, Marcoul P. Observations on cooperative bargaining in U.S. agricultural markets [M]. Center for Agricultural and Rural Development, Iowa State University, 2002.

3. 合作社的治理问题

古典主义视角下的合作社的内部决策分析一般假设其成员在简单多数的原则下达成一致的目标。但是，越来越多的学者认识到合作社内部成员异质性及其对合作社内部决策的影响，契约理论、委托 – 代理理论、产权理论在分析集体选择方面的优势逐渐被认识并运用到研究中。

祖斯曼（Zusman）根据契约理论建立了一个合作社的集体选择模型。这个模型解释了在信息不完全、不确定和有限理性等前提下，存在成员异质性的合作社如何来制定规则以及如何选择集体规则，说明了在合作社中，群体行为如何影响组织的效率。[①] 祖斯曼进一步运用契约理论，将合作社章程中的顶层设计作为一个选择长期有效合约的问题进行分析，认为合约具有不完全性，群体选择原则和不同的决策机制都是被用来解决偶然事件的。

亨德里克森和厄尔曼用不完全契约理论中的财产权形式，提出了一个关于农业营销合作社的著名问题——哪种治理结构最能使成员的投资受益。他们解释了治理结构选择和投资决策问题，从中反映出在治理结构方面近年来出现的各种新形式和新激励机制等。[②] 亨德里克森和毕如曼继续拓展了在不完全的契约分析框架下，生产者治理结构选择的研究，他们探求了在何种市场和激励组织下，生产者进行后向一体化投资是有利的，得出了在既定和可选择的投资状态下最有效率的所有权结构。[③]

瑞诺德（Renold）运用农产品的分级和标准化的例子说明，执行集体行动的原则可以被用来解决集体行动的问题。行动的原则可以约束和

① Zusman P. Constitutional selection of collective–choice rules in a cooperative enterprise ［J］. Journal of economic behavior & organization, 1992, 17(3): 353–362.

② Hendrikse G W J, Veerman C P. Marketing Co - operatives: An Incomplete Contracting Perspective ［J］. Journal of agricultural economics, 2001, 52(1): 53–64.

③ Hendrikse G, Bijman J. Ownership structure in agrifood chains: the marketing cooperative ［J］. American journal of agricultural economics, 2002, 84(1): 104–119.

协调个体的行为，促进集体行动，实现帕累托改进。当面临新的挑战时，合作社可以通过重新修订和阐释合作原则来促进集体行动的实现。

巴纳吉（Banerjee）等推导出合作社寻租的理论模型。通过分析合作社中不同的农民群体间交易权力的分配问题，推导出在部分垄断并受到监管的产业中，财富的限制和成员的异质性是如何影响效率的。[1]

随着合作社的规模逐渐扩大，合作社的民主管理逐渐被专家管理所取代，由此出现了类似企业的委托－代理问题。但合作社与传统的投资者所有企业的区别之处何在？施塔茨对二者进行了行为模式的对比，认为与投资者所有企业相比，合作社成员之间以及合作社与企业之间更容易交流信息。但合作社股权不流动为合作社在融资方面造成困难，并且显著影响董事会和经理的决策。库克分析了组织形式对经理人行为的影响，对比合作社的经理人和投资者所有企业的经理人行为方式的差别，认为合作社经理人履行职责更难。[2]

以上的分析都建立在一般的前提下，即认为在合作社中，社员是委托人，理事会是社员的代表，经理行使代理人的职能。然而艾勒斯（Eilers）和汉夫（Hanf）超越了这个一般性的委托人和代理人的假定，深入讨论了在农业营销合作社中谁是委托人、谁是代理人。他们认为，当合作社管理者向农民提供合同时，管理者是委托人，而农民是代理人；反过来，当农民向合作社提供合同时，农民是委托人，而合作社管理者是代理人。在此基础上，他们提出合作社中最优契约设计。[3]

---

① Banerjee A, Mookherjee D, Munshi K, et al. Inequality, control rights, and rent seeking: sugar cooperatives in Maharashtra［J］. Journal of political economy, 2001, 109(1): 138–190.

② Cook M L. The Role of Management Behavior in Agricultural Cooperatives［J］. Journal of agricultural cooperation, 1994(9):43-46.

③ Eilers C, Hanf C H. Contracts between farmers and farmers' processing co-operatives: A principal–agent approach for the potato starch industry［M］//Vertical relationships and coordination in the food system. Physica–Verlag HD, 1999: 267–284.

4. 合作社的缺陷问题

合作社作为一种经济组织，其组织效率一直是研究重点，关于合作社的制度缺陷，较早地从新制度经济学角度进行研究的是波特（Poter）和斯库利（Scully）。他们认为合作社是低效率的组织：一是技术方面的低效率。原因在于合作社存在由于代理问题而造成的控制成本过高问题；合作社成员的努力成果会成为全体成员的公共品，这将造成对成员们减少偷懒的激励逐渐消退；没有集中的所有权将减弱改革的动力。二是资源配置方面的低效率。合作社的所有权不是集中在能有效承受风险的所有者手中，不能做出旨在规避风险的各种调整，因而在资源配置上是低效率的。三是规模的低效率。合作社业务上的联系主要限制在内部成员的惠顾数量，与非成员的业务往来受到限制，成员的惠顾额直接关系到合作社能否达到最低成本的产出规模，但成员数量的增加同时也会造成合作社控制成本的增加。①

库克把合作社定义为"定义模糊的用户和投资者的财产集合"，分析概括了合作社存在五个方面的问题：搭便车问题、短视问题、投资组合问题、控制问题和影响成本问题。富尔顿和吉宾斯又针对这五个方面做了进一步的阐释。②库克提出由于存在多重委托－代理成本以及成员利益的不一致，合作社组织对惠顾者影响的成本高于同等规模的投资者所有企业。博根（Borgen）将库克提出的五个方面的问题统称为激励问题，有些激励问题（例如搭便车问题、短视问题和资产组合问题）与投资激励相关，有些激励问题（例如控制问题和影响成本问题）则与决策相关。③

库克所提出的五个方面的问题受到普遍重视和认同，已有的大多数

① Porter P K, Scully G W. Economic efficiency in cooperatives［J］. JL & Econ., 1987, 30: 489.

② Fulton M, Vercammen J. The distributional impacts of non–uniform pricing schemes for co–operatives［J］. Journal of cooperatives, 1995(10): 18–32.

③ Boehlje M. Industrialization of agriculture: what are the implications?［J］. Choices, 1996, 11 (5)：1137–1139.

对合作社制度缺陷研究的成果基本都可以归纳到其中来。

5. 新环境下的合作社的变革问题

随着农业产业化的发展，农产品生产、加工和销售的各个阶段内的横向一体化以及产业链各个环节之间的纵向一体化也发展进来，产生战略联盟等很多新的一体化形式，合作社从原则到组织结构都发生了很多变化，在这方面的研究逐渐增多。卡拉迪尼斯（Karantinis）认为传统合作社的横向一体化并不普遍是因为横向整合虽然可以在原材料处理、初级加工市场和配送等方面节约成本，但不足以使合作社获得有利于市场竞争的规模优势。但是为了适应市场，合作社的组织结构会发生变化，一定数量具有市场知识和处理市场信息的外部成员将会加入合作社，进入理事会和管理层，参与合作社的收益分配。①

富尔顿从技术和社会价值观念变化的角度研究合作社制度生存发展中将遇到的困难。从技术角度来讲，农业产业化会削弱合作社作为市场尺度的作用，因为市场更多地靠纵向一体化组织起来，更多地强调投资者的剩余索取权。同时，技术进步增加了农产品质量的均匀、稳定性，减少了农民建立合作社的必要性。从社会价值观念角度来讲，个人主义受到重视带来的对个人产权的强调，这将损害合作社制度共有产权的基础。

博科赫（Boehkje）通过对比传统合作社和传统农业的特征以及新一代合作社和新的农业特征，他认为，合作社制度的特征与其所在的农业的特征是一致的，前者是后者的反映，新一代合作社反映了合作社制度通过组织创新和结构调整来适应市场环境变化。

富尔顿和吉宾斯归纳了农业所具有的新的特征：市场更加被生产驱动，而不像过去被商品驱动。围绕农产品原料生产、加工和销售等不同环节形成一体化经营，农场主由过去直接面向市场，转变为按照指定的

---

① Karantininis K, Zago A. Endogenous membership in mixed duopsonies [J]. American journal of agricultural economics, 2001: 1266–1272.

产品质量和指定的时间，按加工企业的要求提供产品。生产单位的规模更大，资本密集的程度更高。生产的各个环节的主体独立性变小，其决策相互影响性增强。市场风险的变化，由过去的价格和生产风险为主，转变为当事人相互关系而产生的风险即所谓关系风险和对食品安全的考虑为主。信息成为控制和权利的首要因素。[①]

（二）对合作社制度的定性思索

20世纪90年代中后期开始，我国的农业经济学者开始在学术范围内广泛讨论在中国农村引入合作社制度的相关问题，直至今日，在对发展农民专业合作社组织的必要性、重要性和迫切性的论证、对国外农民合作社发展情况的介绍、对发展农民专业合作社组织的总体思路等方面取得了众多可观的成果和比较一致的认识，以下着重介绍知名学者对合作社的性质、制度安排与创新的研究。

1. 合作社的制度基础问题

现代国际合作运动有100多年的发展历史，各国合作组织的名称、制度设置、组织形式都不尽相同，但不论是典型的，还是变异的，其本质都是在合作社基本原则的基础上建立起来的。为各国合作社提出基础性制度框架的基本原则也处于不断发展、修订和完善中。

我国学者对国际合作运动的基本原则及其变化一直比较关注。从罗虚代尔原则，到国际合作运动指南，再到1995年的合作社基本原则，徐旭初对合作社基本原则的演变进行了考察和比较研究。特别是1995年，国际合作社联盟对合作社原则进行了两方面的重大修改：第一，各层次的合作社都要按民主方式组织，但不硬性规定平等选举权或等额持股，即强调"成员民主控制"而非"成员民主管理"；第二，强调合作社资本和储备金至少有一部分是不可分割的，即必须有一部分不可分割的集

---

① Fulton M E, Gibbings J. Response and adaptation: Canadian agricultural co-operatives in the 21st century ［M］. Center for the Study of Co-operatives, University of Saskatchewan, 2000.

体资产。但有两个原则自罗虚代尔合作社以来基本未变，即按惠顾额分配盈余原则和资本报酬有限原则，这也是合作社的基本制度基础。①

张晓山在 1995 年合作社基本原则重大修改的基础上，分析指出我国合作社组织在实践方面的大胆探索，如将合作社盈余按交易额分配给社员，"先分配，再提取，落到个人名下"，实现了所有权和财产主体的统一；为解决筹集资本的难题，突破资本报酬有限的原则，采用对外来资本按股分红，而在合作社内部实行按交易额返还；此外，在处理同地方政府和村集体关系方面也有为适应具体情况而对合作社原则的灵活运用和突破尝试。②

2. 合作社的缺陷问题

国鲁来研究了德国合作社从早期的传统型到现代市场型的发展中暴露出来的制度缺陷，并指出其内部制度发展的企业化倾向，在组织制度上朝着社员平等权利的逐渐弱化和相应的资本权利的逐渐增强方向演进。③20 世纪 90 年代北美地区尤其是美国的北达科他州和明尼苏达州率先出现了新一代合作社模式。

傅晨和郭红东、钱崔红将新一代合作社同传统合作社进行了制度对比。傅晨认为面对来自外部和内部环境变化的挑战，合作社必须进行制度创新，增强内部激励，提高效率。新一代合作社正是应对这种挑战的产物，它既坚持了所有者与惠顾者统一、合作社为社员服务、合作社资本报酬适度和惠顾者返还以及以社员为本的合作社经典原则，同时在此基础上进行了制度创新——交易权的设置。交易权既代表社员资格，又是合作社与社员之间的合约，同时也是盈余返还的依据，可以买卖和转

---

① 徐旭初. 合作社的本质规定性及其他［J］. 农村经济，2003（8）：38-40.

② 张晓山. 合作社的基本原则与中国农村的实践［J］. 农村合作经济经营管理，1999 (6)：5-7.

③ 国鲁来. 合作社制度及专业协会实践的制度经济学分析［J］. 中国农村观察，2001 (4)：36-48.

让。交易权一方面对社员资格进行一定限制，激励成员更关心合作社，另一方面作为合约，明确了双方的权利和义务，社员出资购买交易权，按照出资获得回报，会员权利与资本权利实现联结。这样的创新，使合作社产权变得明晰，从而增强了产权激励，并能更好地满足农场主通过组织合作社投资于农产品加工以获取价值增值的要求。① 郭红东、钱崔红认为新一代合作社具有如下特点：有利于采用更有效的组织规模进行生产；股份制既可以引进有管理知识的非社员进入合作社管理层，同时股份可以在市场上转让，这使得合作社管理阶层时刻面临外部市场的压力；根据社员和合作社的交易权股份返还利润使社员与合作社之间形成了风险共担、利益共享的共同体，可以有效避免传统合作社中社员追求短期利益的行为。②

应瑞瑶根据各国在合作社原则基础上进行的实践探索，总结概括提出合作社内部制度安排变化的五个方面：入社退社自由转变为合作社成员资格不开放；绝对的一人一票制转变为承认差别；公共积累的不可侵害性转变为产权明晰化；资本报酬率严格限制转变为外来资本实行按股分红；社员管理合作社被拥有专业知识的职业经理所取代。③

冯开文认为中国的农业合作社制度变迁是一场诱致性制度变迁和强制性制度变迁的反复交替，只有二者协调一致，才能化解强制性变迁带来的产权低效和制度失败，以及诱致性变迁难免存在的"搭便车"等问题。④ 孙亚范对江苏农户进行实证调查，运用新制度经济学的制度变

---

① 傅晨. 新一代合作社：合作社制度创新的源泉［J］. 中国农村经济，2003（6）: 72-80.

② 郭红东，钱崔红. 北美新一代合作社的发展与启示［J］. 农村经营管理，2004（5）: 15-18.

③ 应瑞瑶. 论农业合作社的演进趋势与现代合作社的制度内核［J］. 南京社会科学，2004（1）:13-18.

④ 冯开文. 村民自治、合作社和农业产业化经营制度的协调演进［J］. 中国农村经济，2003（2）: 45-50.

迁与创新理论分析农民的合作需求、选择意愿和合作行为，从微观角度揭示了市场经济条件下我国农民合作的内在机理、行为规律及其制约因素。①

赵波等认为坚持合作社是农业生产经营组织化的主要形式。我国农村合作社要实现进一步发展，应根据国情、区情以及不同的产品类别进行组织创新，这是保持合作社生命力的源泉。产权是合作社发展的根本问题，能有效激励社员的产权安排可以惩治合作中的机会主义行为。介入农产品价值增值环节，组建有加工处理职能的综合合作社是合作社业务发展的主要方向。②

苑鹏通过梳理改革开放以来中国合作社组织的发展路径，分别研究了农村社区型合作组织和新型农民专业合作社组织的发展过程，通过对比分析两种合作社组织的制度优势和缺陷，认为我国农民专业合作社组织将成为新时期农村基本经营制度创新的一种发展方向，但是由于合作知识的社会有效供给不足，同时内部缺乏具有合作理念的企业家式领导人，合作社有走向（股份）公司化的潜在危险。③

3. 合作社制度变化问题

郭红东和黄祖辉、苑鹏、许行贯、徐亦平、王景新等通过对浙江、山东等地的合作社案例进行分析，研究了我国合作社组织的结构安排、产权关系及其演变等问题。黄祖辉和徐旭初结合我国农民专业合作社的整体发展情况，深入分析了合作社发生和发展的制约因素、组织形式以及合作社的利益机制和决策机制。马彦丽运用新制度经济学的理论，从交易费用角度分析了我国农民专业合作社的性质与成长空间，结合浙江

---

① 孙亚范.合作社组织文化探析［J］.农业经济，2003 (1): 11–13.
② 赵波,陈阿兴.美国新一代合作组织特征、优势及绩效［J］.农业经济问题，2007 (1): 99–103.
③ 苑鹏.改革以来农村合作经济组织的发展［J］.经济研究参考，2008 (31): 20–22.

省的实证及我国合作社的实践情况，着重研究了合作社的所有权结构、产权界定和委托－代理关系以及政府扶持对合作社发展的影响。①

孙亚范认为我国农民专业合作社发展滞后的状况与制度创新的成本约束有关。他把构成合作组织制度总的预期变革成本分为设计成本、预期的实施成本和预期的摩擦成本，合作组织的运行成本分为内部组织管理成本和市场交易成本进行分析，得出：由于受农民自身素质和外部环境的制约，我国农民专业合作社的制度变革成本和制度运行成本均较高。高昂的创新成本是导致我国新型合作社难以顺利发展和有效运作的深层原因。

苑鹏从组织制度安排及其创新的视角，对合作社制度和股份公司制度之间的区别与联系进行了系统梳理，认为两者在产生的动因、组织目标、成员制度、所有权安排、治理结构、分配制度、经营战略和社会责任等方面都有很大的不同，但作为市场经营主体，不论是股份公司还是合作社，为了提高自身市场竞争力，都在不断创新，相互借鉴，取长补短，合作社制度与股份公司制度的边界开始变得模糊。②

（三）对多种合作社制度创新的考察

1. 对土地股份合作社的考察

苑鹏、杜吟棠、吴海丽以四川省彭州某土地流转合作社的实践为例，通过对该合作社成立背景和过程、内部运作以及地方政府在其中发挥作用的分析，初步探讨了在推进现代农业经营组织创新中，土地流转合作社的基本经营形式和可能出现的潜在问题，并分析了土地流转合作社有效发挥作用的基本条件。他认为，土地流转合作社有效发挥作用最重要的前提条件是首先承包农户有流转土地的意愿，其次承包农户放弃自我经营后可以找到更好的就业机会。如果没有这些基本要素，贸然发展土

---

① 马彦丽．我国农民专业合作社的制度解析［M］．北京：中国社会科学出版社，2007: 153–154.

② 苑鹏．合作社与股份公司的区别与联系［J］．教学与研究，2007 (1): 13–17.

地流转合作社，承包农户的利益就难以得到保障，社会的不稳定因素也将增加。另外政府对土地流转合作社的政策导向和引导服务还需要进一步强化。①

中央党校经济学部调研组对枣庄市的徐庄土地合作社开展调研，发现土地合作社这种经营模式，在一定程度上弥补了家庭经营的不足之处，可以实现农地的规模化经营，促进农村社会资源充分利用，有利于农民在市场中维护自己的权益，有利于实现大幅增收。目前，土地合作社是一种新生事物，它是在没有现成制度规范的情况之下，由农民群众从实际出发自发地创造和发展起来的，所以合理规范土地合作社的运作是土地合作社进一步发展的一个不可忽视的问题。对合作社的不断规范是一个过程，要在发展的过程中谋求逐步规范，以规范来促进合作社的发展。②

张笑寒通过对江苏苏南地区上林村土地股份合作社的个案分析，指出该合作社产生于特定的社会经济背景条件下，在产权结构、股权设置及收益分配等方面具有某些典型的运行特征，但现实中合作社面临政社不分、股份集中度低、股权封闭性强、入股要素及其用途单一、收益分配制度尚待完善等诸多困境。他认为土地股份合作社的发展出路在于政社分开，明晰产权，完善股权流动机制，健全激励和监督机制，完善收益分配制度，加强立法建设。③

孙中华、罗汉亚、赵鲲对江苏省常州、苏州、南通三市开展调查，发现尽管按入股方式、入股范围、经营方式、分红方式不同可将土地股份合作社划分为不同类型，但各地都在探索基础上进行了政策推动并取

---

① 苑鹏，杜吟棠，吴海丽.土地流转合作社与现代农业经营组织创新——彭州市磁峰皇城农业资源经营专业合作社的实践［J］.农村经济，2009 (10):3-5.

② 中央党校经济学部调研组.土地合作社：一种新的农地经营模式——徐庄土地合作社的调查与思考［J］.理论前沿，2009 (2):36-38.

③ 张笑寒.农村土地股份合作社：运行特征、现实困境和出路选择——以苏南上林村为个案［J］.中国土地科学，2009 (2):36-38.

得了较好成效，当然也存在一些问题需要继续探索。他们认为应将符合法律规范的土地股份合作社纳入农民专业合作社规范范围，对不从事农业生产经营活动的土地股份合作社应允许具备条件的地方自主实践，但不宜在全国范围提倡，应进一步明确以土地承包经营权开展股份合作的基本原则和导向，加强对土地承包经营权入股的法律和政策研究。①

冀县卿、钱忠好认为不同的农地产权结构具有不同的激励和约束效应，进而会产生不同的制度绩效。他们调研了江苏省江都市渌洋湖土地股份合作社，发现其成功运行的原因就在于在保持农地产权完整性的同时不断提高农地产权的完全性，未来我国农地产权制度创新的方向应该是进一步完善农地产权结构。②

胡勇认为农村土地股份合作社的产生，是自下而上的诱致性制度变迁的结果，其制度基础在于土地股份合作制。农村土地合作社的治理机制关系到方方面面，涵盖股东组建与决策机制、合理设置股权的治理机制、社会风险防范机制、成员退出机制等等。各地农村土地股份合作社是农村经济合作组织的一种形式，有利于改变农业经营方式，实施科技型农业的规模化经营，其发展态势良好，但需要进一步完善。各地推行农村土地合作社制度，需要进一步完善农村土地产权结构，需要在保持农村土地产权完整性的同时不断提升农村土地产权的完全性，从而更好地发展现代农业，走科技型农业发展模式之路。③

陈秀萍考察了黑龙江省多种类型的土地合作社，归纳了这些土地合作社的类别，比较和评价了这些合作社的作用，根据它们的优势选择出

---

① 孙中华，罗汉亚，赵鲲.关于江苏省农村土地股份合作社发展情况的调研报告［J］.农业经济问题，2010（8）:30-35.
② 冀县卿，钱忠好.农地股份合作社农地产权结构创新——基于江苏渌洋湖土地股份合作社的案例研究［J］.农业经济问题，2010（5）:77-83.
③ 胡勇.农村土地股份合作社的制度基础及治理机制研究［J］.农业经济，2014（1）:79-81.

适合黑龙江省农业发展需求的土地合作社类型。①

李凌认为，目前土地合作社运作处于探索阶段，运行机制不够完善，阻碍了土地合作社的运营。当前必须为土地合作社运行提供理论和实践依据，从而引导和规范土地合作社运行，推动土地合作社健康发展。②

肖端通过对成都市土地股份合作社的调研发现，该合作社将农户分散的承包地集中起来开发利用，在充分有效利用土地、确保粮油生产、推进农业现代化等方面进行了有益探索，其双重委托－代理运行模式，在确保农民土地生产经营决策权和收益权、经纪人生产经营自主权和收益权、合作社的管理权和监督权以及各方权益协调平衡等方面探索了一些成功经验。③

任大鹏认为土地经营权入股农民专业合作社，会产生一系列法律问题。就入股的土地权利内涵而言，应当是土地承包权人享有土地经营权。就作价依据而言，入股土地的货币等值应当是基期的土地年收益与剩余土地承包期限的乘积，在程序上应当是全体成员公允作价。土地经营权出资的，可以参与出资分红，但不能参与交易量返还。土地股份的责任方式可以是土地的经营权，可以是土地承包期内的未实现收益，也可以是章程规定或者出资成员在出资时声明的其他责任方式。合作社破产时，土地经营权应当列入破产财产。在合作社清算时，土地入股的成员可以主张退回土地经营权并在扣减现值后参与剩余财产的分配。成员退社时，合作社可以对入股的土地经营权做出替代性安排。④

杨群义认为土地股份合作社，按照不同的经营方式，主要有两种形

① 陈秀萍.黑龙江省土地合作社发展类型选择建议［J］.安徽农业科学,2014(24):8393-8394.

② 李凌.土地合作社运行机制研究［J］.山东农业工程学院学报,2015(5):10-12.

③ 肖端.土地流转中的双重委托－代理模式研究——基于成都市土地股份合作社的调查［J］.农业技术经济,2015(2):33-41.

④ 任大鹏.土地经营权入股合作社的法律问题［J］.农业经营与管理,2015(5):31-38.

式：其一是内股外租型的农村土地股份合作社，即农民以土地承包经营权入股，成立农村土地股份合作社，再将承包地集中连片流转，统一对外发包给他人经营，合作社自身不直接经营农地；其二是合股合营型的农村土地股份合作社，即农民以土地承包经营权入股，专业大户以资金入股，共同组建股份合作社，由合作社自己直接从事高效农业项目，对农户入股的土地实行保底分红，实行合股合营合利。农村土地股份合作社要依法合规运行应注意以下几个方面：依法登记注册、向成员出具土地经营权证书、确保规范运作、合理确定股权结构、完善分配机制。[①]

2. 对社区股份合作社的考察

谢升峰、曾令香、金才敏认为社区合作经济组织创新的目标模式是：以市场为导向，以农户家庭（农场）经营为主体和核心，建立具备服务性、综合性、适度集中性、营利性、实体性、开放性的适应农户家庭产前、产中、产后需要的体外循环式的现代合作社。为达到这一目标，必然要对现行社区合作经济组织进行结构与制度上的创新。[②]

赵铁桥认为社区合作经济是我国农村多种经济形式中的主体。社区合作社是我国农业生产目标得以实现的主要承担者，是三十年农业合作化运动积累的集体财产的所有者、经营者和管理者，在农业联产承包责任制中，它处于发包者的地位，担负着统筹、协调、管理、服务和积累等重要职能，它积极组织社员对外开展跨地区、跨部门、跨所有制的各种联合与合作；以土地等其他基本生产资料集体所有制为基础，按照不同农产品生产成立的各类专业合作经济组织要依赖于社区合作社的存在而存在。社区合作社在农村多种经济形式中的主体地位，决定了它将肩负起由"低水平的集体化发展到高水平的集体化"[③]的担子。

① 杨群义.对农村土地股份合作社的几点思考［J］.中国土地，2015 (11):37-39.
② 谢升峰，曾令香，金才敏.论社区合作经济组织向现代合作社的转变［J］.江西农业经济，1999 (6):3-5.
③ 赵铁桥.对社区合作社特征、地位与作用的认识［J］.农业经济，1992 (1):33-35.

陈吉元认为农村社区股份合作经济是否是一种独立的经济组织形态，是一个争论较大的问题。他通过考察广州市天河区和深圳市横岗镇等地所建立的股份合作社发现，该合作社通过把集体财产由原来笼统的共同所有具体到按股份差别占有，实现了对农村社区集体经济组织产权制度的重大改革，它既不同于经典意义上的或国际上通行的合作社，更有别于规范的股份制经济。天河区和横岗镇社区股份合作社中，都设立了"现金股"或"发展股"，吸收社区农民的私人财产入股，在承认农民私人产权这一点上，它与国际上通行的合作社有某些相似之处，但社区股份合作社都是以社区为母体的，带有极强的地缘封闭性，这是与绝大多数国家的合作社截然不同的。①

俞跃伟认为农村社区股份合作制改革是继家庭联产承包责任制之后，农村集体经济组织适应生产力发展要求和工业化、城市化推进需要的组织重构和制度创新。他以宁波市农村社区股份经济合作社运行实践为主要研究对象，运用制度变迁、委托代理、剩余索取等理论，综合剖析了农村社区股份经济合作社运行中好的做法、存在的问题和不足，并比较借鉴其他先进地方在深化完善社区股份经济合作社运行机制方面的一些做法和成功经验，提出了规范完善和深化农村社区股份经济合作社运行机制的对策措施和建议。②

郑有贵指出农村社区集体经济发展预期难实现的根源在于法人地位缺失，明确其法人地位已经成为推进改革和发展的基本条件。他从《宪法》规定、法人资格条件等方面分析了农村社区集体经济组织法人资格问题。基于农村社区集体经济组织在功能、治理机制、产权结构、收益分配上有与合作社一致的价值取向，以及在运作机制上与农民专业合作社有一

---

① 陈吉元.深化农村社区股份合作经济问题的研究［J］.中国农村经济,1992(11):6-7.

② 俞跃伟.宁波农村社区股份经济合作社运行机制研究［D］.上海交通大学,2010.

些差异，他提出将其明确为合作社法人较为适合，但需要单独立法。①

胡晓以社会学的视角，通过社会角色理论对社区股份合作社的发展困境进行分析，以达州市的某一社区为例总结了社区股份合作社存在的三个困境：受益人资格无据可依，政社不分，福利性、增长刚性和风险性相冲突。②

吴弘毅、陈永福认为城乡一体化与农村市场经济的发展使我国出现了多种类型的农业股份合作社，经过仔细考究，这类合作社与西方国家的股份合作社存在质的区别，西方国家恪守了传统农业合作社的本质，农业生产者始终是合作社的控制者和剩余分配者。然而，我国现行政策采取了"先试行，后规制"的做法，这势必导致龙头企业等民间资本将成为合作社的所有者与控制者，最终严重损害农业生产者的利益。因此，我们在引进西方先进制度时应当"先吸收，后消化"，在合作社运行方面应当坚持"先规范，后运行"的策略。③

郭伟认为农村社区合作在我国并非首创，然而，符合合作社本来意义的农村社区合作社却没有清晰的界定和规范。当前，新农村建设给农村合作社发展提供了有利的契机，也让更多的积极因素和力量投入到新农村的发展和建设上来。与此相适应的是，作为解决"三农问题"、构建和谐新农村的载体，农村社区合作社因其自身的特性——区域性及综合服务性——更加契合于当前的形势和要求，更有利于我国农业参与国际合作和竞争。但是，与此相对立的是，我国农村社区合作社缺乏统一的管理和规范的现状阻碍了其自身发展并无法使其充分发挥积极作用。因此，在实践的基础上对农村社区合作社的概念、地位及其法律规范进

---

① 郑有贵.农村社区集体经济组织法人地位研究［J］.农业经济问题,2012(5):22-28.

② 胡晓.社会角色视角下社区股份合作社的发展困境研究——以达州市的D社区为例［D］.吉林大学,2013.

③ 吴弘毅,陈永福.中国农业合作社的现实困境与未来选择［J］.景德镇学院学报,2014(6):121-124.

行研究是具有现实意义的。①

许锦英认为近年来社区合作社不断出现的原因：一是政策导向；二是确保农民主体地位的内在要求；三是农村集体产权制度改革的制度选择；四是失地村庄确保农民财产权益的制度选择；五是村民自治制度无法解决日益严重的农村社会问题倒逼的结果；六是保障合作社真实性的理性选择等。同时社区合作社具有其他经济组织不具备的特殊功能：社区性农民合作社是完善农村双层经营体制的最佳制度安排；是能够公平体现农民对集体财产权益占主体地位的制度平台；是农村一二三产业融合发展的有效组织载体；是完善农村社区治理结构的良好制度载体；是承载国家政府支持农业、农村政策的制度平台。②

高海、杨永磊认为集体股利弊兼具，已引发集体股存废之争与地方立法样态不一。集体股设置与否以及如何设置，直接影响农村集体资产股份化之组织载体股份合作社的股权设置、治理机制、利益分配和亏损承担。权衡集体股的利弊，集体股存废之争的出路应是在授权集体成员民主议定集体股存废的基础上，拓补集体股的存或废之二元改造路径，即以优先股的思路规制集体股存续之弊端、以公益金的进路填补集体股废止之缺位；但最终理想的发展走向将是一元路径，即集体股废止之公益金替补方案。③

3. 对新一代合作社的考察

傅晨认为新一代合作社在宗旨和制度安排上不同于传统合作社的这些特点反映了社会化大生产发展的趋势和客观经济规律，因而可以认为是合作社制度发展和变化的一个基本趋势。这一点对于构建我国合作社

① 郭伟.农村社区合作社的实践基础与法律制度构建［D］.山西财经大学,2015.

② 许锦英.社区性农民合作社及其制度功能研究［J］.山东社会科学,2016 (11):177-182.

③ 高海，杨永磊.社区股份合作社集体股改造：存废二元路径［J］.南京农业大学学报(社会科学版),2016 (1):114-122.

的制度框架和基本原则具有十分重要的启示。①

郭红东、钱崔红认为北美新一代合作社的发展，对我国专业合作经济组织的发展有以下几点启示：通过政府支持，创造良好的外部发展环境；通过机制创新，提高实力；通过吸引专业管理人才，提高管理水平。②

李秀丽、李中华认为产生于 20 世纪 90 年代的新一代合作社，是美国新型合作社组织形式之一，其利用发行交货权、为从事提高农产品附加值的生产经营活动筹集资金的方法与封闭运行以协议明确合作社与社员间的权责、事项及约束各自行为的运作模式，对规范我国农民专业合作社的运行及突破发展瓶颈问题很有启示。③

胡新艳、罗必良认为新一代合作社具有其组织优势，存在着合理的生存空间。新一代合作社组织成功替代了低回报的投资者企业，并成为可持续发展的合作组织。这从经验事实层面证明了新一代合作社的效率特征及其组织结构具有相对竞争优势。新一代合作社作为发达国家合作社发展新浪潮的产物，更好地适应了经济活动市场化、现代化、一体化的要求，对于构建我国合作社的制度框架和基本原则富有前瞻性的启示，对于推动我国农村合作事业以及农业产业化经营具有特别重要的借鉴意义。④

赵玻、陈阿兴针对美国新一代合作社的组织特征、优势及绩效进行深入分析，并得出一些对我国农业及合作社发展具有重要借鉴意义的启示。他们认为坚持合作社是农业生产经营组织化的主要形式，组织创新

---

① 傅晨.新一代合作社：合作社制度创新的源泉［J］.中国农村经济，2003(6):73-80.

② 郭红东，钱崔红.北美新一代合作社的发展与启示［J］.农村经营管理，2004(5):15-18.

③ 李秀丽，李中华.美国新一代合作社的发展及其对我国的启示［J］.青岛农业大学学报社会科学版，2008 (4):17-20.

④ 胡新艳，罗必良.制度安排的相容性：基于新一代农业合作社的案例解读［J］.经济理论与经济管理，2008 (7):13-17.

是保持合作社生命力的源泉，产权是合作社发展的根本问题，介入农产品价值增值环节是合作社业务发展的主要方向，新一代合作社的经验，成立农产品增值加工专业合作社或者有加工处理职能的综合合作社应成为今后我国合作社发展的重点。①

张梅、郭翔宇认为美国新一代合作社被认为是对传统合作社的创新，它部分解决了传统合作社由于产权不清而产生的投资组合和视野问题，被认为是较有效率的合作社产权制度。中国的农村股份合作社被认为是传统合作社的创新，但由于和美国新一代合作社所处的宏观环境不同，其运营特点和合作社的本质有一些偏离，被认为是异化了的合作社表现形式。从产权角度，对二者的运营机制进行比较，可以为中国农村合作经济组织的发展取向提供较为清晰的思路借鉴。②

国鲁来认为在目前我国的合作社实践中，一些社员（尤其是大户社员）的行为，已经显示出他们在客观上存在对于新一代合作社的制度需求，所以，如果我们能在不断完善现有合作社制度的同时，不失时机地创新制度，就会为农民专业合作社的健康、快速发展创造有利条件。③

马玉波、邢莹、韩玉梅通过介绍北美新一代合作社组建、发展过程中的成功经验，初步探索了适合当前中国林业合作社发展状况的合作社规范化发展措施，力图通过具体措施的实施来实现促进中国林业合作社更好更快发展的目的。④

杨群义认为农民专业合作社联合社是农民专业合作社在更大范围、更高层次上的又一次深度合作，农民专业合作社联合社应该主攻以下几

---

① 赵玻, 陈阿兴. 美国新一代合作社: 组织特征、优势及绩效 [J]. 农业经济问题, 2007 (11):99-103.

② 张梅, 郭翔宇. 美国新一代合作社运营机制与中国农村股份合作社经验及启示 [J]. 世界农业, 2010 (3):21-23.

③ 国鲁来. 农民专业合作社需要制度创新 [J]. 农村经济, 2011 (5):34-37.

④ 马玉波, 邢莹, 韩玉梅. 北美新一代合作社经验对中国林业合作社发展的启示 [J]. 林业经济问题, 2011 (6):271-274.

个方向，发挥单个合作社无法替代的作用。一是共创产品品牌。联合社
应当由全体加入联合社的合作社成员制定并执行好共同的生产标准，着
力推进标准化生产，建立健全的生产记录制度，统一质量安全标准和生
产技术规程、统一农业投入品的采购供应、统一产品和基地认证认定、
统一注册农产品商标、统一创建农产品品牌，共同创建和使用统一品牌
销售。二是共办加工实体。联合社应积极组织联社内各合作社共同出资，
联合兴办单个合作社办不了或办不好的农产品精深加工等经济实体，着
力推进农业产业化经营，让更多成员分享农产品加工增值成果。三是共
拓直销市场。联合社应不断加大统一对外开拓市场力度，争取拿到更多
的大订单，对成员所需农业生产资料统购分销或对成员生产的农产品统
销分购，为成员谋求更好的价格优惠。有条件的联合社要在城市开设联
合社农产品直销店，建立物流和配送中心，构建城市直销网络。[①]

周振、孔祥智、穆娜娜依据新制度经济学理论，结合联合社的自我
组建动机，以临朐县志合奶牛专业合作社联合社为例再现了组建的过程，
得出结论："抱团"经营的松散型联合社向"一体"经营的紧密型联合
社转变，将成为未来我国联合社发展的必然趋势。当前我国农民专业合
作社近百万，发展迅速，极大地推动了我国现代农业的发展。同时，不
可否认的是合作社与其他市场主体相比，仍旧势单力薄，根本无法获得
公平的竞争地位，因此促进合作社之间的联合与合作应成为国家政策的
重要取向。[②]

4. 对联合社的考察

苑鹏以北京市密云县奶牛合作联社为例，探讨了合作社联合社出现
的原因与运作方式。他最终得出结论：第一，走向联合是农民专业合作

[①] 杨群义.关于发展农民专业合作社联合社的探讨［J］.中国合作经济,2012
(4):55-56.

[②] 周振,孔祥智,穆娜娜.农民专业合作社的再合作研究——山东省临朐县志合
奶牛专业合作社联合社案例分析［J］.2014 (9):63-67.

社发展的必然趋势，但是，联合的形式是开放式还是封闭式，并无固定范式；第二，政府对于合作社联合社的扶持不可或缺，但应当有个"度"的界限；第三，合作社联合社的发展道路并不一定要"自下而上"，关键在于基层社是否存在对联合的强烈需求，在于联合社的运行能否坚持独立、自治、民主的精神。①

闫石认为联合社在我国还是一个新生事物，由于总量不多，结构差异较大，给定量分析带来一定困难。今后可在深化定性分析的基础上加强定量研究，比如可以从成员异质度、结构紧密度、业务综合度、服务依存度等方面定量研究联合社的性质与类型；从计算市场交易成本和组织管理成本的角度入手，分析探讨两方面的成本构成，把市场交易成本和组织管理成本的比值作为衡量组织规模的一个重要尺度，分析各类联合的适度规模。②

蒋晓妍认为农民合作社联合社作为一种制度安排，其产生与发展是我国农村经营制度在农业产业化经营实践中具有时代性的制度变迁与创新，又体现出我国农业经营制度现代性与本土性的融合，她试图通过借鉴国外先进国家合作社联合社的制度设计和立法实践，在审视我国合作社联合社现行制度设计的基础上，提出相关完善措施。③

邹汉清认为由于我国农民专业合作社联合社的发展仍处于起步阶段，因此仍面临合作层次偏低、运营机制不规范、联合动力不足、法律地位缺失等问题。下一步可以通过采取健全法律法规、规范基层合作社等措施来为联合社的发展奠定坚实的基础。要处理好联合社发展与政府间的关系，加大合作社经营管理人才的培养，加大合作文化的宣传来为

① 苑鹏.农民专业合作社联合社发展的探析——以北京市密云县奶牛合作联社为例［J］.中国农村经济,2008 (8):44-51.
② 闫石.农民专业合作社联合社发展研究［D］.中国政法大学,2010.
③ 蒋晓妍.国外农民合作社联合社的制度设计及对我国的启示［J］.北方经济,2010 (3):67-69.

合作社的联合创造良好的外部环境，促进农民专业合作社联合社的良性发展。①

花照顺、王伟、邹岩以潍坊然中然农民专业合作社联合社为例分析了联合社"横向扩规模、纵向一体化"的发展思路，为联合社的发展提供了经验借鉴。②

刘同山、周振、孔祥智通过对全国 19 个县（市、区）的 32 个联合社实地调查，发现提高市场谈判地位、追求规模化经营和稳定产业链协同发展是联合社发展的动因。当前，联合社的发展类型分为生产型联合社、销售型联合社、产业链型联合社和综合型联合社四种。而其运行机制可以归纳为紧密的产销一体化和松散的代买—代卖关系两种。我国联合社发展取得了初步成效，但也存在不少制约因素。为了促进联合社健康发展，政府需要加快制定扶持政策，完善相关法律法规。③

李阿姣、李莹认为联合社联合模式可以是横向或纵向联合模式，也可以是区域内或跨区域联合模式，在联合社的发展过程中存在着法律地位不明确、联合动因单一、合作层次偏低、尚未建立完善的信用评价体系等问题，可以通过建立健全法律制度，处理好政府、行业协会与联合社之间的关系，建立健全基层农民专业合作社的信用评价体系、规范基层农民专业合作社等来解决。④

王海龙、吴怀琴认为农民合作社联合社的建立是市场经济条件下农民合作社进一步发展的结果，是农民合作社在更大范围、更高层次上更加开放的合作形式，能够起到合作共赢的作用。农民合作社联合社主要

---

① 邹汉清.我国农民专业合作社联合社发展研究［D］.河北经贸大学，2013.

② 花照顺，王伟，邹岩.联合社——横向扩规模纵向一体化［J］.农村经营管理，2013 (8):10-11.

③ 刘同山，周振，孔祥智.实证分析农民合作社联合社成立动因、发展类型及问题［J］.农村经济，2014 (4):7-12.

④ 李阿姣，李莹.农民专业合作社联合社的发展困境探究［J］.淮北师范大学学报（哲学社会科学版），2014 (6):67-70.

是以商业运作、产品、产业链延伸、综合联系为纽带将农民合作社联合组建而成。今后,联合社的发展需要市场、政策、制度上的充分支持,以更好地发挥其积极作用。①

(四)对《合作社法》调整的讨论

随着合作社实践的展开和深入,法律与现实间的摩擦和不适应日益凸显,修法之声日趋高涨。2015年中央1号文件(《中共中央国务院关于加大改革创新力度加快农业现代化建设的若干意见》),再次提出要"逐步完善覆盖农村各类生产经营主体方面的法律法规,适时修改农民专业合作社法"②。

宋刚、马俊驹认为《农民专业合作社法》是第一部合作社方面的立法,该法有三个方面的重大贡献,即确立合作社的法人地位、促进资金和技术与农村劳动力结合、确保农民在加入合作社后财产权利不受影响。但是,该法也有两个不足,一是限制成员资格、二是不作最低资本金限制;本法还有三个方面的缺失:合作社联社、合作社的社会服务内容以及成员对其权利处分的权利。③

李秀丽、李东海认为《农民专业合作社法》明确了农民专业合作社的市场主体地位,有助于厘清农民专业合作社管理混乱、性质模糊的问题。然而,"徒法不足以自行",在实施过程中出现的诸如章程的"虚化"、利益联结、成员的准入标准、盈余的分配以及交易相对人的信赖利益等问题应引起重视,并应从法律的应然状态出发进行分析,采取相应的对

---

① 王海龙,吴怀琴.农民合作社联合社的发展模式及思考〔J〕.经济纵横,2015 (11):93-96.

② 苑鹏,宫哲元.关于《农民专业合作社法》修订若干问题研究的文献述评〔J〕. 农业经营与管理,2015 (5):24-30.

③ 宋刚,马俊驹.农业专业合作社若干问题研究——兼评我国《农民专业合作社法》〔J〕.浙江社会科学,2007 (9):59-65.

策，确保全面、准确地实施该法。①

　　徐旭初认为合作社法中存在的一些不足，比如合作社法调整对象偏窄，既未将非农民合作社（如消费合作、住房合作、工人合作等）和农民的非专业合作社（如综合性合作社）涵盖在内，也没有对农民专业合作社之间的联合与联盟做出规定，特别是没有涵盖广大农民迫切需要的信用类合作社；再比如合作社法规定"有符合章程规定的成员出资"，并未对成员出资做出法律限制，这就意味着在合作社里有些成员可以不出资；还有许多合作社没有做到合作社法规定的二次返利不得低于可分配盈余的60%，大多数盈余被一些核心成员（往往是企业、大户）获得；现实中有些地方政府"光打雷不下雨"，对此缺乏实质性扶持。合作社法并没有相关的合作社与合作社之间的法律规定，这不利于合作社联社的建立和推广。他建议合作社法应该调整：扩大合作社法的调整范围；适当限制合作社的成员资格；适当规范合作社的内部组织机制；适当规范政府部门对合作社的扶持行为；应加入合作社之间联合和联盟的内容；应对合作社的培训、教育和社会服务等内容有所规定；积极推进各省（市、区）出台既依据合作社法又契合当地实际的地方性实施条例。②

　　苑鹏认为今后修订《农民专业合作社法》，需要重点研究以下四大基本方面。第一，立法目的；第二，法律名称、调整对象和适用范围；第三，联合社问题；第四，政府与合作社关系。从未来完善法律的方面看，《农民专业合作社法》的立法目的应当向着少目标、单一目标转型，突出合作社的农户目标导向，强调合作社作为维护广大农户生产经营者的经济权益，提升农户的市场竞争力的组织载体，是农户自我互助、为农户所利用的组织属性。在法律调整范围方面，在坚持已有法律名称的前提下，

　　① 李秀丽，李东海.《农民专业合作社法》实施中相关法律问题探析［J］.青岛农业大学学报：社会科学版，2009 (2):113-115.
　　② 徐旭初.谈《农民专业合作社法》实施中的问题及相应的修法思考［J］.中国合作经济，2012 (7):29-32.

扩大法律的调整范围，不仅包括第一产业的经营，而且包括二、三产业。在政府与合作社的关系上，应当考虑增加政府行政监督的法律条款。行政监督的重点是对获得政府财政扶持资金、金融优惠服务和税收优惠的合作社，发挥政府的监管职能，重点监管合作社成员的账户建立、"三会"会议记录以及年终财务报表等，促进合作社健康发展。[①]

武光太认为《农民专业合作社法》存在不完善的地方，尤其是在合作社治理机构方面，存在监督机构不健全、治理机构运行机制不完善等问题，鉴于治理机构是合作社的中枢，迫切需要修改《合作社法》予以完善。[②]

任大鹏认为该法需要修订的理由有：一是原有法律的调整范围过窄，没有涵盖联合社、资金互助合作社、土地股份合作社，也没有涵盖经农村集体经济改造后的合作社。二是合作社的内部管理不规范，尤其是少数成员控制合作社的现象比较突出，合作社成员异质性的问题越来越明显。三是总体上合作社规模过小、竞争能力不强。四是合作社需要有更加明确、稳定、可操作的扶持政策。实践中反映扶持政策不到位的现象比较突出，包括财政政策、税收优惠措施。五是需要明确合作社的业务主管部门及其职责。尤其在提出加强合作社规范化建设的目标之后，如何指导规范化建设、谁来指导、规范化的标准是什么，这些都需要主管部门来明确。[③]

孔祥智认为多年的发展暴露了《农民专业合作社法》存在的一些缺陷，说明其已经不能满足广大农民合作的需求，应该进行修订。修订中应该重点关注的问题在于：盈余分配问题、联合社问题、土地股份合作

① 苑鹏.关于修订《农民专业合作社法》的几点思考[J].湖南农业大学学报(社会科学版), 2013 (8):19-21.
② 武光太.我国《农民专业合作社法》的立法完善——以治理结构为中心[J].农业经济, 2013 (1):27-29.
③ 任大鹏.合作社法修订的几个问题[J].农村经营管理, 2014 (4):28-30.

社问题、规范化问题、范围问题。其中范围问题是需要重点研究的，因为当前农民合作社大体上有五种类型：一是土地流转合作社或土地股份合作社；二是农机合作社；三是社区股份合作社；四是资金合作社，又叫资金互助合作社或资金互助社；五是专业合作社。修改后的合作社法是否不再使用"专业合作社"的概念，如果是这样，扩大到什么范围呢？这是一个需要认真研究的重大问题。这些创新形态的合作社是否应该纳入，或者怎样纳入，也是需要认真研究的问题之一。[①]

李二超、张晓山认为《农民专业合作社法》立法的指导思想、法律的基本架构、确立的原则制度仍然具有很强的现实指导意义。修法是部分修改，不是全面修改，可改可不改的暂不改。在保持现行法律总体框架、基本原则和核心制度稳定的前提下，重点修改不符合合作社发展实际的规定，适当调整完善专业合作以外的合作内容。同时，力求进一步增强法律条文的针对性和操作性。修法中要坚持合作社基本原则与尊重农民自主权相结合，修法既要坚持合作社的基本原则，体现成员所有、成员控制和成员受益的基本属性，又要广泛调动农民群众的积极性，充分尊重农民的主体地位和首创精神。[②]

四、本书的研究主线：描绘合作社制度演进的全貌

（一）研究思路与内容

随着我国改革的深度推进，市场开始发挥对资源配置的决定性作用，"统一开放、竞争有序的市场体系"[③]和新型农业经营体系正逐步发展

---

① 孔祥智.《农民专业合作社法》修订应关注 5 个问题［J］.农村经营管理，2015 (4):21-23.

② 李二超，张晓山：修改《农民专业合作社法》要注意几个问题［J］.中国农民合作社，2014 (4):8-11.

③ 2013 年 11 月 15 日《中共中央关于全面深化改革若干重大问题的决定》指出，"建设统一开放、竞争有序的市场体系，是使市场在资源配置中起决定性作用的基础"，这项决定表明了未来中国的市场经济将持续深化，而农村市场必然更加开放和富有活力。

完善，合作社处在一个持续变迁的环境中，其为了适应环境变化也开始了自发的制度演进过程。本书为了研究合作社制度演进的这个过程，采用了从发现问题到分析问题再到解决问题的研究思路，描绘合作社制度体系的全貌。

首先是对合作社制度演进现象的发现。合作社法颁布至今不足10年，而合作社总数量已达到140万家，并且出现了许多合作社制度创新，这得益于国家"先发展，再规范"的发展思路。虽然在这些新的形态中，有相当一部分是因为监管不力而造成的合作社无序发展，需要后期的规范与约束，但我们更应该重视那些合作社适应市场而做出的自发创新形态，因为这些创新可能会在未来一段时间成为可以推广的成功经验。

其次是对合作社制度演进动因与演进规律的研究。对演进动因的研究在于梳理中国合作社制度发生的各种变化，解释制度演进的诱因。合作社的变化繁多，要研究其变迁问题并不能从若干个例中提炼，而要纵观全局来把握其经济学理上的演进方向，因此本书旨在通过经济学的工具描述合作社在新环境中的自适应变化过程，追查到其变化的诱因和方向。对演进规律的研究包括对合作社制度边界和演进路径的探索。中国合作社的制度演进是一个"破与立"的过程，旧的规定性被打破，新的特征凸现出来，但这种变化并不是随意无限制的。为此，本部分要探寻合作社制度演进之后还一直保留着的特征，这些特征被抽象之后便是合作社的内核，而相应的特征构成合作社的新制度边界，同时通过理论演绎出在合作社制度边界内的制度演进路径。

再者是对合作社制度创新特征的分析。土地股份合作社、社区股份合作社、新一代合作社、联合社等新的合作社类型是合作社制度演进的产物，本书以现实中的案例作为讨论的标的物，对这些制度创新的基本描述和特征进行了分析，并通过实例解释这些新形态的特性，分析这些变化在学理上的合理性与必然性。

最后是对培育合作社制度多元化的发展环境的分析。随着合作社的各种自适应变革，合作社的制度体系终将被重构，外部环境尤其是法制和政策环境将是决定合作社制度创新能否被认可和支持的关键。

（二）本书的特色

对合作社制度演进进行了全面而有序的描述。现阶段的合作社制度呈现出多元化的发展态势，对合作社的革新也具有不同的朝向。本书以传统的合作社为参照物，归纳在每个方向上的制度演进方式、诱因与效果，分类规制这些变化，使其都落脚在本书的研究框架之中，系统地描绘出当前合作社制度演进的全貌。

对合作社演进规律和制度创新的推导。本书确定合作社演进方向，探寻了新的合作社制度边界，在此基础上明晰了合作社在制度边界内的创新空间。在理论上推导合作社在既定范围内的形态变化，对新出现的形态做出经济学的解释，以此明确合作社制度演进路线，确立制度创新出现的合理性。

第二章　合作社制度的发生与变异

1990 年 3 月，邓小平在谈到农业问题时指出："中国社会主义农业的改革与发展，从长远的观点看，要有两个飞跃。第一个飞跃，是废除人民公社，实行家庭联产承包为主的责任制。这是一个很大的前进，要长期坚持不变。第二个飞跃，是适应科学种田和生产社会化的需要，发展适度规模经营，发展集体经济。这是又一个很大的前进，当然这是很长的过程。"[①] 此后短短几年时间，我国已基本确立了农村以家庭承包经营为基础统分结合的双层经营体制，这也标志着"第一次飞跃"已经圆满完成，而与之对应的"第二次飞跃"尚未启动，面临当时多变的国际和国内环境，如何启动新的飞跃成了议论的焦点，发展合作社作为一种思路被提出，在实践中真正意义的合作社也诞生于这个特定的历史时期[②]，但是这个时期的合作社是以传统的专业合作形态出现的，一直到现在，专业合作形态仍然占据合作社的绝对主导地位。

一、合作社制度的发生环境与使命

（一）合作社制度在我国的产生

20 世纪 90 年代中后期，我国农村确立了以家庭承包经营为基础、统分结合的双层经营体制，农村微观经济主体被重构，农民获得了生产

---

① 邓小平文选第三卷［M］.北京：人民出版社，1993：355.
② 这个时期在全国各地出现了许多农村合作经济试点，地方政府和学者都做了很多探索。

经营的自主权，成为独立的财产主体和市场主体。农村生产力得到了极大的解放，农民的生产积极性得到了极大地释放，中国农村经济形势出现了根本性的转机。随着我国市场经济制度的确立，市场经济得到快速发展，市场竞争日趋激烈，传统的家庭经营的弱点也逐渐显现。

首先是中国农户分散的小规模经营，无论是从土地规模来看，还是从内涵规模来看，都表现出经营规模太小且分散的特征。1986—1996 年，农户户均农村人口由 4.70 人下降到 4.17 人，户均劳动力由 2.51 人减少到 2.49 人。户均耕地面积由 9.2 亩减少到 7.8 亩，人均耕地面积由 2.0 亩减少到 1.9 亩，人均耕地面积由 3.7 亩减少到 3.1 亩。与国际水平比较，我国户均耕地面积是荷兰 1982 年农场平均面积的 1/28，原联邦德国 1987 年农场平均面积的 1/33，法国 1980 年农场平均面积的 1/49，丹麦 1983 年农场平均面积的 1/56，英国 1983 年农场平均面积的 1/133，美国 1989 年农场平均面积的 1/356，加拿大 1976 年农场平均面积的 1/388。[①] 经营规模小的后果表现为：劳动生产率低下；抵御市场风险及自然风险的能力差；产品的商品化能力很低；采纳新技术的能力差，由于小规模经营带来的收入差，故农户的最低生存线保证极低，稍微一点风险（比如技术的不稳定性带来的生产波动等）就有可能导致生活水平落入生存线以下而陷入贫困，因此对新技术的采用是非常谨慎的，始终在传统的农业技术中轮回；限制了农户的投资能力。这样一种小规模经营方式，经济实力难以充实，使农户陷于一种低水平的维持，难以积累跟上市场经济发展的经济实力。

其次是由于经营规模太小，收入规模也受到严格限制。我国拥有土地的农户一般以种植粮食为主，而种植粮食主要就是为了自给，这就形成了我国农户以自给为主的经营特色。根据国务院农村发展研究中心对全国 28 个省市区农村固定观察点的调查，1986 年经营土地的农户占调

---

① 尤小文．农户经济组织研究［M］．长沙：湖南人民出版社，2005:24-32.

查农户的 96.7%，经营土地的农户中有 96.9% 的农户种植粮食。种植粮食的农户中，能提供商品粮的只有 73.7%，有 1/4 的农户种植粮食完全是为了自给。1988 年农户种植粮食以"满足自家口粮需要"为首要目的高达 82.6%。[①] 又根据国务院农村发展研究中心和发展研究所对湖北、浙江、山西、宁夏 4 省区 8 个县的调查，农户种植粮食的主要目的按顺序分别为保口粮、交任务、得饲料，其中将"保口粮"放在第一位的占 91.8%，远高于将"交任务"（3.7%）和"得饲料"（0.6%）放在第一位的农户。该调查还表明，93.5% 的调查户认为买粮吃不合算。而且农户粮食自用粮（口粮、种子、饲料）受产量的影响很小，1985—1988 年变化不超过 2%。就全国来说，粮食商品率十分低。在 20 世纪 70 年代，全国粮食商品率一般在 20%—25% 之间，20 世纪 80 年代中期以来，商品率在 30%—35% 之间。1986—1996 年，农户粮食商品率由 33.7% 提高到 35.6%，11 年间上升不到 2 个百分点。1996 年农户小麦、稻谷、玉米、大豆的商品率分别仅为 11.5%、31.0%、32.1% 和 62.2%。[②] 因此有限的经济收入只能满足其维持生存的需要，在生存与生产之间，经受不了任何风险，稍有风险，极其容易退缩到保存生存的位置，小规模经营农户的价值取向，也就被圈定在自给自足的目标上。表现在市场行为上，自给半自给的价值目标会导致农户生产经营决策时，并不能始终以经济目标一以贯之，而是经常处于经济目标与非经济目标并存、理性行为与非理性行为并存的状态。农户既要考虑经济利润，又要照顾家庭安全、生活保障。一方面，农户会根据市场供求及价格变动来组织生产，力争以最小的投入取得最大的产出。另一方面，因其规模过小，为了满足家庭的消费需要，即使某种作物不赚钱，农户也会安排一部分土地进行耕种。对于规模较大的农户，农产品价格的提高所带来的预期利润增长会形成有效的刺激，推动其增加农业生产要素的投入，以期增加农产品产出。

---

① 孙中华 . 1984—1988 粮食生产的微观探讨 [J] . 农村经济文稿, 1989 (12):1-10.
② 温铁军 . 破解小农国家的困惑 [J] . 学习月刊, 2004 (7): 8-10.

对于商品率低、商品量小的农户，则难以形成有效的刺激，因为价格的变动所能带来的收入变动太小，新技术、新材料、新品种、新的生产方式等同样因为农户经济规模的过于狭小而难以引发农户的采用热情。特别是对商品率较低的粮食生产者来说，对市场价格和供求的反应更加呆滞、迟钝。农户的经济目标、行为经常与国家的宏观经济目标发生偏离。自给半自给的价值取向与市场利益最大化的价值取向在很多的时候是不一致的。

再者是农村劳动力和资本大量外流。随着市场经济的进一步发展，人们从事农业生产之外的非农业生产活动的机会增多，这样形成的非农收入也随之增加。一般来说，非农收入比纯农业收入要高，甚至高出很多。这就增加了农业生产的机会成本，农村劳动力开始流向高收入行为，农户的兼业化开始形成。从姜长云的调查可以看到，在在业农户中，纯农户、商品性专业大户、Ⅰ兼户、Ⅱ兼户、纯非农户所占比重分别为20.08%、4.04%、61.57%、13.00%和0.96%。农村兼业化的倾向达到74%以上。[①]目前，这种兼业化的趋势更加深化。农户兼业化必然导致农业的专业化受阻，也很可能使农业的分工演进陷入停顿（尽管兼业化仍然是参加了社会的总体分工）。农村家庭承包责任制，这种双层经营体制下的农户分户经营的形式，能解决生活问题，却难以解决生产问题，尤其是市场经济中竞争性的生产问题。它所造成的规模小、兼业化倾向严重、自给半自给的价值取向、分散化、实力弱等问题，必然导致农户分散经营难以融入市场经济的大潮之中。

因此，虽然几乎无法考证我国最早的合作社发生于何时何地，但可以肯定的是，改革开放以后，我国农民就开始以自己的创造力来解答上文中提到的小规模农户分散经营如何实现与国内、国际市场对接的问题，而合作社就是最重要的对接形式之一。在这个阶段中以专业合作形态出

---

① 姜长云.农村非农化过程中农户（农民）分化的动态考察［J］.中国农村经济，1995 (9):50-56.

现的合作社克服了家庭经营很多传统性的缺陷，极大地解放了农村生产力，激发了农民积极性，使中国农村的经济形式逐渐好转。

（二）合作社制度的被认可和被扶持

我国在 2006 年 10 月 31 日公布了《农民专业合作社法》，这部法律的首条即指出："为了支持、引导农民专业合作社的发展，规范农民专业合作社的组织和行为，保护农民专业合作社及其成员的合法权益，促进农业和农村经济的发展，制定本法。" 2007 年 5 月 28 日国务院又出台了专业合作社的登记条例。我国关于农民专业合作社的法律与登记有关条例开始执行以来，专业合作形态的合作社的社会地位得到法律肯定，促进了合作社的发展。

早在 1996 年，财政部即发布了《农民专业合作社财务制度（试行）》，对农民专业合作社内部的财务管理给予指导。2003 年 3 月 1 日起实施的《中华人民共和国农业法》规定鼓励各类农民专业合作社的发展。2006年 2 月 8 日农业部发布了《农民专业合作社示范章程（试行）》对农民专业合作社的章程内容给予了指导。第十届全国人大常委会第二十四次会议于 2006 年 10 月 31 日通过《中华人民共和国农民专业合作社法》，该法律于 2007 年 7 月 1 日起已经正式施行。这是我国农民专业合作社建设与发展史上的里程碑，是我国农业法制建设史上的一件大事，也是社会主义新农村建设进程中的一件大事，对于引导和促进农民专业合作社发展具有重大的理论意义和现实意义。法律颁布实施以来，各地采取多种形式，广泛开展送法下乡、普法宣传活动，法律意识逐步深入人心，农民在法律的武装下变得更强大，与法律相配套的《农民专业合作社财务会计制度（试行）》已经下发；农民专业合作社的其他税收优惠政策草案正在不断完善。

财政扶持。财政扶持是政府推动合作社改革和进步的一项重要举措。2003 年财政部提供 2000 万资金在全国扶持 100 个农民专业合作社。2006 年农业部安排 2000 万元专项资金，开展农民专业合作社示范项目建设。在地方上也开展了省市一级的示范社建设，如 2007—2011 年甘肃省先后制定下发了关于切实做好 100 个和 200 个农民专业合作社扶持工作的《通知》，召开了农民专业合作社示范社座谈会，会同省 11 个厅局共同下发了《甘肃省关于开发农民专业合作社示范社建设行动实施意见》，对确定的 322 个"甘肃省农民专业合作社示范社"授牌，并对省、市、县、乡四级示范社建设工作中涌现出的 40 个农民专业合作社工作先进集体及省、市、县、乡 100 名先进个人进行表彰。浙江省 2001—2003 年共安排 2500 万元专项资金，2004 年又安排 2000 万元，用于扶持省级示范农民专业合作社。目前，全国已有 29 个省（区、市）制定了专门文件，确定了在财务、征税、贷款、用人等方面的扶持政策。从 2003 年开始，4 年间中央政府一共投资了 5 亿元的资本扶持，有超过 2700 人的农民组织机构受到了帮助。有资料表明，自从 2008 年开始，各个省份对农民组织的帮助投资累计 4 亿多元。我国政府部门采取相关政策对合作社进行扶持的有关办法，大大地推动了合作社的发展改革。[①]

金融信贷支持。2008 年中央在《关于推进农村改革发展若干问题的决议》中指出："允许有条件的农民专业合作社开展信用联合。"2009 年，农业部和中国银监会在中央一号文件之后联合下发了《关于做好农民专业合作社金融服务工作的意见》，根据《意见》要求，为了使农民专业合作社平稳快速的发展，为现在农业建设、增加农民基本收益和提高农民生活水平做出贡献，农民专业合作社建立的金融机构要与农民专业合作社加强沟通，构建互动机制，以期以后生产中获得更好的农民专业合作社金融服务。

税收优惠。我国在 2006 年 10 月 31 日通过了《中华人民共和国农民专业合作社法》（以下简称《农民专业合作社法》），该法第五十二条规定："农民专业合作社享受国家规定的对农业生产、加工、流通、

---

① 危朝安 . 走中国特色农业现代化道路，大力促进农民专业合作组织发展 [J].
农村经营管理，2008 (1)：4-9.

服务和其他涉农经济活动相应的税收优惠。支持农民专业合作社发展的其他税收优惠政策，由国务院决定。"2008 年 6 月 24 日发布的《财政部国家税务总局关于农民专业合作社有关税收政策（财税〔2008〕81号）》明确规定了农民专业合作社的税收政策：免征合作社销售本社的农业产品，以及视同相关农业生产者销售自产农业产品的增值税；抵扣一般纳税人从农作社购进的免税农业产品增值税；免征农民专业合作社社员相关销售产品的增值税，销售产品范围为种苗、化肥、农药、农机、农膜、种子等等；免征农民专业合作社社员签订的农业产品和农业生产资料购销合同的印花税。

（三）合作社的经济功能和历史使命

随着市场经济体制改革的深入发展，家庭经营原有的交易方式、交易主体、交易组织形式开始暴露出诸多不适应之处，无法高效地促成大市场和小农经济完成对接，原有的制度中存在着巨大的收益耗散，这也成了制度变迁的原动力。[①] 从 20 世纪 90 年代末开始，全国范围内的市场化和农业产业化进程已初见成效，农民们的合作热情和组织积极性也空前高涨，一部分地区的合作社的发展成效显著，起到了极好的示范和带动作用，这就在农民内部形成了较强的主动性和自觉性；同时，中央也对合作社的发展做出了一系列政策上的扶持，在政策法律上掀起了多项尊重客观事实的扶持动作，地方政府也大都在中央的指导和本地经济发展需求的拉动下投入到合作社发展事业中。[②] 合作社作为市场经济体制的重要制度供给，将原有的交易成本转化为收益剩余，同时合作社的引入既是市场环境下的自生变革，其发展又带有科层安排的属性，这样的功能和特性在这一历史时期表现出了极强的生命力。

[①] 钱淼，李中华，王伟 . "产销对接"与"产消对接"模式的比较与适用性分析——基于对合作社农产品流通路径的考察〔J〕. 管理现代化，2013 (5)：47-49.

[②] 熊雄 . 农民专业合作社及其运行机制研究——以瑞金市为例〔D〕. 南昌大学，2012.

1. 分离产销环节推进了农产品流通

在交易效率低下、分工不发达的传统社会，每一个人都是一个自给自足的生产－消费者。[①] 同样，在传统农业中，每一个从事家庭经营的个体农户，也是一个自给自足的生产－消费单位。在这样一个独立的生产－消费单位里，农用物品的供应和农产品的加工、消费环节还没有与农业生产环节相分离，从生产到消费，中间也不发生任何交易费用。随着社会生产的发展和交易效率的提高，工农业分工、城乡分工的扩大，各种农用物品的供给和农产品的消费日益超出自给自足的范围，进入商品交换的行列，农业商品经济开始得到发展。在农业商品经济发展的初期，由于生产规模不大，市场范围狭小，从事家庭经营的个体农户仍有可能既从事农业生产又从事农用物品的购买和农产品的销售，独自完成农业生产经营过程的一切阶段。但随着农业生产的进一步发展和市场的不断扩大，以农业生产为主的农民，继续兼营农用物品的购买和农产品的加工、包装、仓储、运输、销售等农业流通环节，就发生了规模上的不经济。因为农业生产环节与农用物品购买，农产品加工、包装、仓储、运输、销售等农业流通环节的约束条件，即劳动的具体性质和形式、技术要求、所需信息等不同，进而最优规模是不相同的。一般地，由农业生产特点决定，农业生产环节的最优规模与农业流通诸环节的最优规模相比要小。并且，农业流通诸环节的最优规模也是有区别的。这样，在农业生产与农业流通不实行分工的情况下，当农业生产环节达到最优规模时，农业流通诸环节就可能没有达到最优规模。最优规模，即平均成本最低点的规模（假定这一点在现有市场可能性空间范围内）。农业流通环节没有达到最优规模，也就意味着流通费用没有达到最低点。这就必然促使农业生产者将没有达到最优规模的流通环节分离出去，以实现这些环节的规模化经营，进而节约流通费用，降低农业流通成本。同时，

[①] 杨小凯.微观经济学的发展，载于《现代经济学前沿专题》第 2 集［M］.北京：商务印书馆，1993：249.

农业流通与农业生产相分离，还有利于农民集中有限的人力、物力、财力专司生产，从而有利于农业生产率的提高。由此，经营规模不受个别农业生产者生产规模的限制，可以在最优规模上运行的各种专司农业流通的组织，包括合作社和个体商贩便应运而生。

下面以谷物销售为例进一步说明这一问题。如下图，在谷物生产与销售不分工——"自产自销"的情况下，假定谷物生产达最优规模 Q，那么谷物的实际销售规模也为 Q，实际平均销售成本为 C。而谷物销售的最优规模为 Q^*，最低平均销售成本为 C^*。显然，$C > C^*$。如果谷物生产与谷物销售实行专业化分工，谷物销售由在最优规模 Q^* 上运行的谷物销售组织完成，就可以节约谷物销售费用，其节约量为 C–C^*。这也就是谷物销售规模化带来的收益。[①]

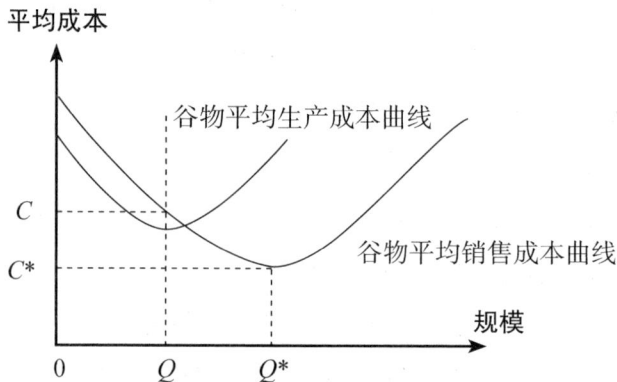

图 1　谷物的平均生产成本曲线

以上分析表明，专业合作社的产生、存在和发展是在技术进步的条件下，市场不断扩大的过程中，农用物品供应、农产品加工、包装、仓储、运输、销售等农业流通环节与农业生产环节相分离，实现流通环节规模化经营的结果。然而，从以上分析我们还可以看出，如果仅仅是为了实现农用物品购买、农产品加工、包装、仓储、运输、销售等农业流通环

① 何国平．农业流通领域合作组织产生和发展的原动力［J］．江西财经大学学报，2006 (5):49-53.

节与农业生产环节的专业化分工和规模化经营，显然不一定非要采取合作社的组织形式，通过个人业主制企业、合伙制企业、股份公司等一般的商业性企业，甚至个体商贩，也能实现专业化分工和规模化经营的目的，但是合作社却是从保障农户利益出发，体现社会公平的最佳方案。

2. 减少交易成本获得更多剩余

交易成本又称交易费用，最早由美国经济学家罗纳德·科斯提出。他依据市场运行的实践发现，交易成本是市场机制运行的必然产物，因为在市场机制中的任何一项交易的达成都要获取有关信息、讨价还价、订立契约、执行契约和监督交易的进行，而这一切都要支付一定的代价。[①]斯蒂格列茨认为，交易成本是"进行交易所增加的购买价格之外的成本，而这些成本可以是货币、时间，也可以是某种不方便"[②]。马修斯对交易成本所下的定义似乎更容易理解，"交易成本包括事前为达成一项合约而发生的成本和事后发生的监督、贯彻该项合约而发生的成本；他们的区别在于生产成本，即为执行合约本身而发生的成本"。威廉姆森对交易费用做出更为明确的规定，"并将其区分为事前的交易费用和事后的交易费用两部分。所谓事前的交易费用是指起草、谈判、保证落实某种协议的成本。所谓事后的交易费用是交易已经发生之后的成本"[③]。张五常则认为："在最广泛的意义上，交易成本包括所有那些不可能存在于没有产权、没有交易、没有任何一种经济组织的鲁滨孙·克鲁索经济中的成本。交易成本就可以看作是一系列制度成本，包括信息成本、谈判成本、拟定和实施契约的成本、界定和控制产权的成本、监督管理

① 汪新波.我们从科斯著作中学些什么——评科斯《企业，市场与法律》[J].管理世界，1991 (4): 34.
② 斯蒂格利茨，沃尔什著，黄险峰、张帆译，经济学[M].北京：中国人民大学出版社，2005.
③ 奥利弗·威廉姆森著，蔡晓月，孟俭译.市场与等级制[M].上海：上海财经大学出版社，2011.

的成本和制度结构变化的成本。"① 科斯在解释企业为什么存在时，把企业归结为一系列的劳动契约，他认为在市场环境作用下市场配置资源是有成本的，企业之所以能够存在是因为能够实现用一种契约取代一系列的契约、用长期契约取代短期契约，结果使得契约的数量大大减少。他用交易费用的概念解释了为什么会出现企业。② 威廉姆森探讨了交易费用的决定因素。他认为交易费用的决定因素包括：市场上只有很少数量的谈判对手、市场上的不确定性、交易对象的资产专用性、机会主义行为、人类理性的有限。可知，威廉姆森所说的这些条件既有环境的因素，又有人为因素，而且，这些因素往往是同时起作用的。合作社形成的一个重要理论依据就是交易费用理论。合作社经营用一系列或强或弱的长期契约关系，取代一些临时性的小规模的市场交易关系，以此来减少市场交易费用。③

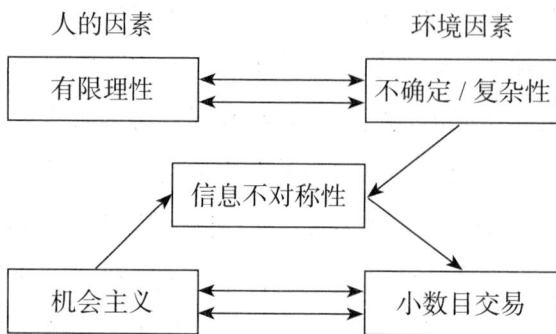

图2　交易费用的影响因素

事实上，物品公共性、资产专用性、交易的外部性以及广泛存在的市场交易费用，使得市场分工始终处于不完备状态，因而经济组织的出现将较高的市场交易与市场分工纳入到组织内交易与组织内分工。因此，

① 张五常.经济组织与交易成本［M］.北京：经济科学出版社，1992.
② 科斯著，盛洪，陈郁译.企业、市场与法律［M］.上海：格致出版社，2009.
③ 奥利佛·威廉姆森，斯科特·马斯滕编，李自杰，蔡铭等译，交易成本经济学——经典名篇选读［M］.北京：人民出版社，2008：121.

同样可以认为，农业经济组织是对农业及其相关市场的分工不完备性的重要补充形式。由于农业的产业特性，市场分工的不完备性会更为突出，从而对合作社的需求更加迫切。值得注意的是，虽然经济组织的具体表现形式具有多样性，但它们形成的原始动力机制却是一致的，即由于社会生产技术水平的提高，生产力和社会经济的发展，劳动分工的出现，出于对较低交易费用的诉求，就产生了各种类型的经济形态。

我国农业生产经营活动采用的是以家庭为单位的分散经营，农户具有独立的产权和经营自主权，独立进行农业生产经营的农户数量众多，意味着在竞争激烈的市场经济环境下购销合同的签订和执行要付出很高的交易费用。而且无论单个农户的经营规模有多大，相对于农户的交易对象而言都是微不足道的。合作社可以通过获得大量经营业务集中买卖来降低生产成本和交易成本。农户需要承担的交易成本包括销售成本和采购成本，以及运输费用、获取市场信息费用及销售签约费用等，这些成本和费用是农户农业生产经营过程中利润分流的重要内容。

随着市场经济的迅速发展，农业生产经营活动的资产专用性、信息的不对称性和外部性特征更为明显，农民有着强烈的要求组建合作社。首先，如果沉没资本在农户的全部投资中所占的比例非常高或者产品的保鲜要求很高，使产品在短时间内转移到可替代的市场难度加大，即当农业生产中的资产专用性较高时，农户就有组建合作社的要求；其次，在农业生产资料的供应商和农户之间、农户与农产品的购买者之间均存在信息的不完全和不对称，当信息的不完全和不对称对交易成本造成严重的影响时，更容易出现合作社；再次，在农产品的生产和交易中，在相邻交易者的行为有可能使农业投入品的质量或产品的品牌受到损害时，农户有可能通过组建合作社来将外部交易内部化。

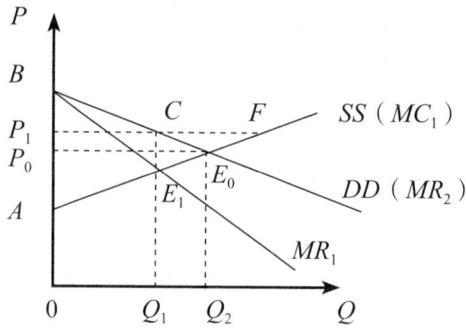

图 3　农户进入市场的交易费用

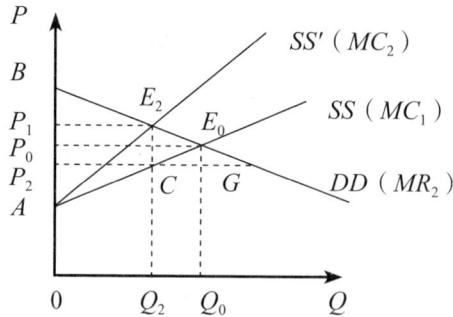

图 4　农户通过合作社进入市场的交易费用剩余

　　如上所示，图 3 与图 4 分别反映了农户直接进入市场支付的交易费用的剩余情况和农户通过合作社进入市场支付的交易费用的剩余情况。如图所示，SS 为农户的农产品供给曲线，亦即生产者的边际成本曲线 MC_1，MR_1 为农户的边际收益曲线；DD 为购买者的需求曲线，亦即农户的边际收益曲线 MR_2，MC_2 为购买者边际成本。在完全竞争市场中，市场均衡点为 SS 与 DD 的交点 E_0，均衡价格为 P_0，农户的农产品剩余 PS_0 和购买者剩余 CS_0 分别为 $PS_0 = \triangle P_0 E_0 A$ 的面积和 $CS_0 = \triangle P_0 E_0 B$ 的面积。而在实际交易过程中，由于单个农户往往处于不利的谈判地位，会成为被动的价格接受者，市场均衡点为 MC_1（SS）与 MR_1 的交点 E_1，价格为 P_1。在这种情况下，农户的农产品剩余 PS_1 和购买者剩余 CS_1 分别为：$PS_1 = \triangle P_1 FA$ 的面积和 $CS_1 = \triangle P_1 CB$ 的面积。如图 4 所示，购买者剩余减少 $P_0 E_0 CP_1$ 这块面积，这部分剩余被农户单独进入市场所承担的市场交易费用所消耗。当农户通过合作社进入市场时，其谈判能力显著增加。当农民专业合作社组织的实力与消费者（购买者）的实力相当时，市场均衡点为 SS 与 DD 的交点 E_0，均衡价格为 P_0，农户的消费者（购买者）剩余与完全竞争情形下的消费者剩余相等，分别为 PS_0 与 CS_0；当农民专业合作社组织的实力较强时，在谈判中处于优势地位，将迫使消费者（购买者）接受自己的条件，以达到利润最大化，即 $MR_2 = MC_2$，市场均衡点为 E_2，这时农户的农产品剩余 PS_2 和消费者（购买者）剩余 CS_2 分别为：$PS_2 = \triangle P_2GB$ 的面积，$CS_2 = \triangle P_2CA$ 的面积。由图可见，矩形面积 $P_0E_0CP_2$ 应是消费者占有的一部分生产者剩余，然而农户通过专业合作社组织的整体优势，消费者（购买者）剩余增加为梯形面积 $P_0E_0GP_2$，当农民专业合作社组织的实力较弱、谈判无优势地位时，情形与农户单独进入市场相类似，但由于专业合作社组织的总体实力大于单个农户，消费者（购买者）剩余的损失将小于农户单独进入市场的损失量。因此，农户通过农民专业合作社组织进入市场交易费用降低，收益率增加。

无论在理论上还是在实践中，农户与市场之间，农户与农户之间，以及农户和政府之间进行交易，交易费用都是不可避免的。交易费用与交易次数成正比。设有 X 个农户，都需要到 Y 个市场去购买生产资料或销售农产品一次，则交易次数

$$N_1 = f_1(X, Y) = X*Y$$

如果在农户和市场之间引入合作社这一中介组织，则首先 X 个农户与合作社进行 X 次交易，然后合作社再到 Y 个市场交易，则交易次数

$$N_2 = f_2(X, Y) = X + Y$$

设它们的相对效率为 F，则：

$$F(X, Y) = \frac{N_2}{N_1} = \frac{X + Y}{X*Y}$$

当 $X > 2$，$Y > 2$ 时，$F(X, Y) < 1$，这说明，一般而言，合作社

的引入是有效率的，可以改变交易利益的均衡水平，改变直接交易的交易费用，随着 X, Y 的增大，交易的市场越复杂，则 $F(X,Y)$ 就越小，合作社节约交易费用的成效就越明显。[①]

农户组建合作社的根本动力在于降低交易费用和交易风险，提高农业经济效率，增加商品产出，保证交易的秩序和双方利益的协调。通过观察世界各国的经验可知，虽然合作社只占经济总量的一小部分，但合作社始终在国民经济尤其是农业投入品和农产品的销售与加工领域占有重要的地位。发达的市场经济国家，如欧洲和北美国家，也往往正是合作社蓬勃发展的国家。同时，即使是在合作社发展最充分的领域（如奶业及奶制品业），合作社也未能占领整个产业，投资者所有的企业和合作社并存，即两种组织形式在共同发挥作用，而且在不同的产业中合作社的发展程度也有着较大的差别。

3. 通过弱者联合实现规模经济

合作社的目标是实现社员利益增进的最大化，合作社的合理规模就是能使社员的利益实现最大增进的规模。由于合作社对社员的增进需要通过社员与合作社的业务交往来实现。因此，合作社所开展的社员业务无论是在种类上还是在数量上，并非都以销售或营利的最大化为目标。合作社的合理规模，应当是既能够有效获得经济收益，使合作社具备持续发展能力，又不会因此影响合作社的组织目的实现。

所谓农业规模经济是指通过对农业内部生产要素的重新组合而实现的规模经济效益，通过形成规模经济可以来降低平均成本。合作社社员可以通过共同分摊引进新品种、新技术、新农具、新观念和进行防疫的成本，从而降低总生产成本，形成规模经济。那么社员数目越多，单个社员分摊到的成本也就越低。以植保为例，农民以户为单位经营的时候，用药时间不统一，害虫能够在田地间转移，故防虫效果差，需要反复用药。

---

① 张晓辉. 中国农村合作经济制度研究［D］. 吉林大学, 2009.

而合作社能够通过统一预测预报虫害、统一技术指导、统一防治时间、统一配置农药，从而节省喷药时间、降低农药用量、减少环境污染、提高植保效果。社员越多，连成一片的土地面积就越大，这种效果就越明显。

无论是从理论上还是实践上，建立合作社都是实现规模经济效益的有效手段。合作社从事与农业生产和农产品经营有关的专业化服务，解决每户难以解决的问题，其服务的内容包括向农户提供合乎品质标准、价格合理的生产资料，种植、养殖、加工等生产性项目的技术培训、生产指导、劳务协作、信息信用服务等，服务领域贯穿农业生产的产前、产中、产后的三个环节。它是通过克服农业生产内部效率损失而实现规模经济效益的。首先通过产业结构调整可以提高农业经济效益。由于农民缺乏产品的销售渠道、不了解市场信息以及没有掌握必要的技术，产业结构调整在部分农村成了一句空话。合作社可以聘请农业专家、有关市场人士对近期及未来市场进行分析，指导农民的生产行为，减少农业生产的盲动性。农民在经济效益的刺激下，会主动生产出符合市场需要的并且具有比较优势的农产品，从而提高农业效益。其次它有利于克服小生产与大市场的矛盾所造成的效率损失。目前我国农村实行的家庭联产承包责任制，虽然说是"统分合"，实际上是以分为主，统的功能基本丧失。由分散化、各自为阵的农户直接进入市场，难以回避交易成本过高的问题；而且由于合作化和组织化程度低，决定了农民在市场交易过程中的谈判地位极低，不能摆脱中间商和大公司的控制与盘剥，建立合作社就可以很好地解决这一问题。

二、当前合作社制度的瓶颈：形态过度单一

一直以来，我国自上而下推广的合作社制度只有一种，即专业合作社，但合作社是一个包容的概念，除了这种传统的专业合作社制度之外，还有很多创新形态。从我国实际来看，在合作社的发展初期，专业合作社较好地执行了服务、协调功能，帮助农户完成了市场对接的任务，在

降低农户风险、增加农户收入，提供技术服务和培训方面也发挥着重要的作用。但是从总体上看，由于合作社制度过度单一，合作社还没有成为使农户广泛受益的一种经济形式。

（一）专业合作缺乏市场竞争力

虽然合作社是一种反市场的制度安排，但是许多国家仍然对它给予了各种优惠政策，主要是因为合作社执行着一种竞争尺度功能，通过合作社的参与，不但扼制了其他主体的垄断力量，还促进了市场的有序竞争，从而增强了市场绩效。但是，这种竞争尺度的执行有一个重要的前提，就是农民专业合作社本身能够达到和其他竞争主体相似的规模，否则就无法执行这个功能。我国的农民专业合作社普遍自身实力不强，很多都是依附于龙头企业的，是服务型而不是竞争型，从而削弱了其市场竞争力。由于农民专业合作社在资金筹集能力上的限制，难以形成有效的规模，也难以在市场上与其他主体进行有效的竞争。在公司与专业合作社进行博弈中，合作社由于处于弱势，谈判能力有限，节省交易费用的大部分节余实际上流向了公司。通过专业合作社的努力，虽然农户可以获得生产资料购买和农产品销售中的价格让利，但是由于大多农户是小规模生产，所获得的实际利润并不大。因此，专业合作形态的资金规模受到限制，无法提供农户获利最多的加工增值服务，农户不能从这种合作社制度中获得更多的利润返还，这减弱了专业合作形态对于农户增加收入的吸引力。

（二）专业合作服务领域较窄

农民专业合作社无论从发展规模，还是功能作用的发挥等方面来说，都还是低层次的。许多专业合作社没有财产和资金，自身发展能力较弱，经费来源少，办公设施简陋。在服务上仅以技术、信息、生产资料的采购服务等初级合作为主，而农民所企盼的如加工、销售等业务开展得比较少。与发达国家合作社自身向着农产品加工领域延伸，实现农产品生产、加工纵向一体化发展的潮流和趋势相比较，我国农民专业合作社参与农业产业化经营的层次还很低，仍停留在初级产品的生产流通领域。我国的农民专业合作社目前主要起中介和联结作用，有些参与产业化经营的合作社虽然也提供一些加工服务，但是主要是以初加工为主，其本身并没有涉及农产品的深加工、延长农业产业的链条和实现农产品价值的增加。

（三）专业合作的抗风险能力小

和其他产品相比，农产品面临着市场和自然双重风险，农民专业合作社目前主要经营的是生鲜农产品，这些产品的特性决定着它面临着比一般农产品更多的风险。在市场风险中主要是价格风险，这主要来自于两方面：一是由于产品特性决定而产生的公司的机会主义风险，另一方面来自于市场供需不稳定而带来的价格波动。理论上讲，通过农民专业合作社的产品合营及农户的联合生产力可以降低这些风险，比如和公司进行谈判提高农产品的价格，或者成立加工企业进行产品加工，从而降低产品变质风险，但是在现实中专业合作社降低和分散市场风险的能力并没有充分发挥。一方面，大部分专业合作社规模较小，限制了它与垄断性企业的讨价还价能力；另一方面，由于专业合作社刚刚起步，资金与规模有限，不具备成立大规模加工企业的实力，其经营往往以初级或原料型农产品为主，这使得农产品所面临的风险也波及专业合作社。具体表现为当市场状况好、产品价格高时，专业合作社的收益也较好，而当市场状况差、产品价格高，专业合作社的收益就差。

三、合作社制度演进的动因

（一）演进的产业因素：现代农业的新特性

博科赫认为，合作社的特征与其所在的农业的特征是一致的，前者是后者的反映。[①] 传统农业所生产的是普通的农产品，与之相联系的是地方性的市场，传统的合作社则根据社员的需要在这个地方市场上销售

---

① Boehkje M. Industrialization of agriculture: what are the implications? [J]. Choices, 1996, 11(1):1137-1139.

这些普通的农产品。如果说传统农业的特征决定了传统合作社的特征，那么，当农业发展变化了，我国的农业已经开始向现代农业转变，合作社的形态就必须反映其新的特征。

现代农业不再局限于传统的种植业、养殖业等农业部门，而是包括了生产资料工业、食品加工业等第二产业和交通运输、技术和信息服务等第三产业的内容，从原有的第一产业扩大到第二产业和第三产业。[①]因此，现代的合作社更加关注专业化生产，更加活跃于供给链条上的各个层面或环节。

现代农业定义为按照现代产业的理念，以产业关联为基础，以科技为支撑，以现代产业组织为纽带的可持续发展的包括农业产前、产中和产后环节的有机系统。现代农业的发展有赖于相应的生产经营方式的建立和完善，即不是简单的农民组织化，而是基于产业关联关系和利益联结机制的产业化。[②]合作社活跃的农业产业发生了巨大的变化，现代工业和现代技术深入农业和食品产业，农业生产建立在生物性基础上的不确定性和不稳定性大大改观，农业日益采取工业的生产方式和产业组织方式。

富尔顿和吉宾斯归纳了现代农业所具有的新的特征。（见图5）

合作社必须进行创新和结构调整以适应外部环境的变化。这些变化对传统的专业合作社所依附并在其中发挥作用的合作社制度产生了冲击。合作社为了发展（许多仅仅只是为了生存），就不得不审视自身应如何适应这些变化。这些变化也意味着，大多数合作社面临更加严峻的竞争，如资本几乎不受任何干预在世界流动，寻求最佳的投资项目等。

农业现代化要求有现代化的合作社。现以美国合作社为例来加以说

---

① 邓心安，王世杰，姚庆筱．生物经济与中国农业现代化［J］．研究与发展管理，2005, 17(1): 60–65.

② 周应恒．高效益、多功能、外向化——江苏现代农业产业发展现状、问题与对策．江苏现代农业产业发展论坛主题报告［R］．2005: 10.

围绕农产品原料生产、加工和销售等不同环节形成一体化经营，农户被要求按照指定的产品质量和指定的时间交送农产品给加工企业，农产品交易越来越少通过传统的农产品贸易市场，取而代之的是通过合同在一体化经营的共同体内部进行。

农业经营者由过去直接面向市场，转向按加工企业的要求提供产品，这种变化被称为"市场更加被生产驱动（product driven），而不像过去的商品驱动（commodity driven）"生产单位的规模更大，资本密集的程度更高。

在生产的各个环节和市场的各个层面中，相关当事人或主体的决策相互影响，独立性变小。

价格和生产风险更多地为当事人因相互关系而产生的风险即所谓关系风险（relationship-risk）和对食品安全的考虑所代替。

信息成为控制和权利的首要因素。

图 5 现代农业所具有的新特征

明。美国的农业现代化始于 19 世纪末 20 世纪初，完成于 20 世纪七八十年代。它的经验表明，现代农业是高度商品化和集约化的农业。这是因为参与市场交换的，除了农业的最终产品（如原粮、原棉、生猪等等）之外，还有中间产品（中间投入物）、劳务、加工品以及农民的消费品。在现代农业中，社会分工已经深化到生产过程的主要工序。原来由农户自己制备的中间产品，如种子、肥料、种畜禽、幼畜禽、饲料、燃料等等，现在则由农场外的合作社来生产，由农场来购买，成为中间投入物。同时，农场还要购买现代的农机具和运输工具，以及石油、橡胶制品、电力、化肥、农药等中间投入物。另一方面，原来由农民完成的大量农活，如耕地、播种、中耕、收获、施肥、洒药、灌溉、改良土壤、运输、仓储、农产品的加工和农场建筑，以及技术、信息服务等等，现在也要请合作社以提供劳务的方式来完成。

以此为鉴，中国合作社制度在农业的现代化过程中必然也会演进，在制度演进之后会表现更强的适应性和生命力。

（二）演进的内生动力：自身的进化诉求

专业合作社的产权模糊，导致产权激励不足、社员对合作社投资不足等现实问题，这是合作社转变的内在原因。库克把合作社的问题归纳为五个具体方面，富尔顿和吉宾斯又做了进一步的解释[①]：

表1　　　　　　　　　　　传统合作社的问题表现

搭便车问题	由于社员从合作社得到的经济回报主要是根据他利用合作社的程度进行惠顾返还，而不是他的投资，因此，社员对于投资合作社缺乏兴趣，这使合作社缺乏资本，投资主要依靠借贷，这就限制了合作社发展
水平扩展问题	合作社社员出资的有限往往导致合作社达不到最佳的经济规模和运行低效。由于社员从合作社得到的经济回报主要是根据他利用合作社的程度，因此，社员支持那些在短期内能取得最大回报的行动，而对合作社的长期发展不感兴趣，行为的短期化制约合作社的发展
控制问题	由于合作社的股份不能在市场上公开交易，因此合作社股份的价值不能成为衡量合作社经营效率的标准，这使合作社的低效运行不易被察觉。同时，合作社的股份分布在广泛的社员当中，每个社员所占份额都很小，这不能激励他们去监督合作社的经营管理，这种情况在大的合作社中尤其严重
投资比例问题	合作社股份的非交易性还意味着合作社社员不能根据他们的风险偏好及时调整投资比例，这会导致社员按照对自己最有利的风险和收益的权衡来影响和引导合作社的行为
影响成本问题	合作社的社员既是合作社的所有者，又是合作社的使用者，这种双重身份会给合作社的管理带来特殊的问题，社员会把合作社的决策引向有利于社员个人。为了取得社员的支持，合作社的管理人员必须努力使意见各异的社员能达成一致，这是一项成本高昂的活动

---

① Fulton M E, Gibbings J.Response and adaptation: Canadian agricultural co-operatives in the 21st century ［M］.Center for the Study of Cooperatives, University of Saskatchewan, 2000.

可见，传统的专业合作社制度具有内在缺陷，专业合作社的产权是模糊的。其财产归全体成员所有，社员个人的产权份额是不清晰的。专业合作社实行自由加入和退出的开放成员制，个人只要交少量股金就可以入社和利用合作社，因而合作社的产权是非排他的，社员个人有过度利用合作社的激励。合作社社员个人的股份不可交易，他们分享合作社的盈余不是根据财产所有权，而是根据利用合作社的程度进行惠顾返还，社员的权利是成员权（一人一票）而非财产权。社员个人在合作社财产中的份额既小又不清晰，因此，出现社员对合作社的投资不足，产权激励不足等现实问题，这不但制约着合作社规模的扩大，还影响着合作社竞争力的提升。这需要改变专业合作社固有的产权结构，引入适当的外部资本，使合作社适应现实的发展。

由此可见，在当前的环境中，传统的合作社制度自身的许多特征成为制约其功能发挥的缺陷，这些特征在现阶段的发展中必然会被打破，而合作社的形态也随之演进。

（三）演进的国家考量：对推动路径的修正

进入新世纪以来，我国在农村经济领域实施了一系列变革，产生了良好的变迁效果。但是一直以来我国选择的是"自上而下"的供给主导型推动方式。权力中心凭借行政命令、法律规范与利益刺激，在一个金字塔形的行政系统内自上而下地规划、组织和实施制度变迁，权力中心为制度创新设置了严格的进入壁垒，其他利益主体要进行制度创新必须得到权力中心的授权。以合作社为例，从 2003 年 3 月 1 日起实施的《中华人民共和国农业法》中规定鼓励各类农民专业合作社的发展。2006 年 2 月 8 日农业部发布了《农民专业合作社示范章程（试行）》对农民专业合作社的章程内容给予了指导。第十届全国人大常委会第二十四次会议于 2006 年 10 月 31 日通过《中华人民共和国农民专业合作社法》，该法律于 2007 年 7 月 1 日起已经正式施行。在国家强有力的推动和引导下，合作社按照中央既定的路线快速发展。但是如果以这样的推动方式完成向农业经营体制的改革，就会遇到难以解开的"诺思悖论"①。这是因为在垄断租金的所有权结构与降低交易费用、促进经济增长的有效率体制之间，存在着持久的冲突，权力中心面临竞争约束和交易费用约束时，就会容忍低效率产权结构的长期存在。

1. 降低推动方式的刚性

随着我国改革的深入和新型农业经营体系的逐步完善，农业经营主体拥有了一定的经营自主权，能够通过生产经营活动参与国民收入的形成和分配，利益独立化的农业经营主体地位初步形成。他们有较强的利益动机和行为，一旦认识到新经济形态具有潜在收益时，就会利用下放的决策权实施创新，这就是所谓的"自下而上"的变迁方式。不过，在自上而下的主导型制度变迁还存在的条件下，农业经营主体的制度变迁需求要得到权力中心的特许才能实现，自下而上的诱致性制度变迁面临进入壁垒的障碍。

我国自上而下推动的是以专业合作制度为主的合作社，对其有严格的定义，要求其是"在农村家庭承包经营基础上，同类农产品的生产经营者或者同类农业生产经营服务的提供者、利用者，自愿联合、民主管理的互助性经济组织。"

尽管我国法律为各类合作社提供了一个可遵循的总体框架，以满足合作社发展的现实需要，然而由于不同类型的社员实际需要和合作社的目标不同，经济活动的性质及经营方式各异，再加上合作社所处的社会、经济、文化背景千差万别，所以，应该允许合作社差异化发展。合作社

---

① 诺斯提出，国家具有双重目标，一方面通过向不同的势力集团提供不同的产权，获取租金的最大化；另一方面，国家还试图降低交易费用以推动社会产出的最大化，从而获取国家税收的增加。国家的这两个目标经常是冲突的。"诺斯悖论"描述了国家与社会经济相互联系和相互矛盾的关系，即"国家的存在是经济增长的关键，然而国家又是经济衰退的根源"。另外，由于存在着投票的悖论、理性的无知，加之政治市场的竞争更不充分和交易的对象更难以考核等因素，政治市场的交易费用高昂。结果，政府作用的结果往往是经济增长的停滞。

要想适应经济发展、技术进步、政策导向、经营管理以及社员要求等方面的变化，就必须对自身的结构、原则，甚至价值观念做出相应调整。同时在实践中可以看到，农民并没有因此停止自发的诱致性变迁，而是千方百计突破权力中心设置的进入障碍，股份合作、联合社等合作社新形态在市场中已经出现。

因此，问题的解决依赖于降低现有推动方式的刚性，允许合作社制度演进的范围扩大，增加对变迁中的异化问题的包容，满足农民在制度非均衡条件下寻求最大化利益的要求，这样又可以实现国家的垄断租金最大化。

2.减少制度变迁的路径依赖

路径依赖是新制度经济学中的一个名词，它指一个具有正反馈机制的体系，一旦在外部偶然事件的影响下被系统所采纳，便会沿着一定的路径发展演进，而很难为其他潜在的甚至更优的体系所取代。路径依赖强调了这样一个经济现象：在一定的条件下，在动态经济过程中，存在的是多重均衡而非传统经济学分析结构赖以存在的单一均衡，相应地，经济系统中存在着传统经济学以外的影响因素（即在传统经济学中被忽视的偶发的、微小的历史事件），它们成为影响和决定系统最终走上哪一条发展路径的重要因素，不同的历史事件及其发展次序，不会产生同一个均衡结果。也就是说，经济形态究竟向哪个方向发展，是"敏感依赖于初始条件的"，这就是路径依赖的经济学本质。

我国合作社的发展中出现了许多问题，最严重的就是实体过度异化的问题[①]，造成这个问题的原因在于，我国自上而下推广的专业合作形态在某些特定环境中的不适应，但是为什么在这些不适应的环境中还继续存在和发展？归咎起来有两点原因，一是"进入壁垒"，政府尚不允

---

① 我国农村合作经济制度实体的过度异化是指合作社在实践中的治理机制和产权结构等制度安排过度偏离了合作经济的基本原则和我国法律的相关规定，虽然还是冠以合作社之名，但已经显露出了非合作经济的本质。

许规定之外的合作社制度出现，也就扼杀了农民在合作社基础上主动创新的可能。二是"政策倾斜过度"，由于政府对合作社的过度扶持，如免税、补助和支农项目，使经营主体开始放弃原本在市场中更有效率的现代企业制度，而改为采用专业合作，甚至是"有合作社之名而无其实"。

从以上两点原因可以看出，路径依赖实际上是政策依赖，但是从长远的发展来看政策的倾斜并不是可持续的，日本农协就是一个典型的例子。日本农协长期来得到政府的巨额补贴，独享粮食专营权，并享受税收优惠等。毫无疑问，日本农协的发展与这些外部因素有着密切的关系。但在进入 20 世纪 90 年代后，由于农产品贸易自由化、经济全球化等宏观环境的变化以及日本农业的发展和农协内部因素的变化，使日本农协的发展面临新的转折点，其不适应新形势发展的问题逐渐暴露出来，在经济上的优势已经削弱。因此，从我国现实来看，农业还是弱质产业，摆脱路径依赖，并不是简单地改变政策，而是期待于合作社的新一轮制度演进。

第三章　合作社制度演进的规律

当前合作社所彰显出的特征若逐条对照经典的合作原则，不难发现其变化之巨大。而现今中国之环境与经典合作原则确立之环境也有着巨大差别，新的合作社制度在新环境中能够生存与发展，必然是经过了"自然选择"的进化过程。合作社制度的变化虽然繁多，但必然有章可循。

一、合作社的发展周期

（一）合作社的发展周期理论

在合作社发展的不同时期，问题的表现以及表现程度是不同的。历史上，合作社的建立往往是为了增进市场竞争和增加供给及服务。传统合作社最大的特征是同质性，这是指合作社制度的服务目标相对单一，活跃于相对狭小的区域，社员拥有共同的价值观和合作意识，社员个人对合作社制度有较强的认同和承诺。在这种具有高度同质性的合作社制度中，容易开展合作的集体行动。例如，在合作社的创办和发展的初期，社员强烈的合作精神和认同承诺削弱了集体行动中的搭便车问题。[①]

然而，外部环境的发展和变化使社员越来越具有异质性，他们由生产普通农产品、独立决策、活动于地方性的市场，转变成为生产具有特殊差异的农产品，参加某种一体化经营和垂直协调。社员的异质性使合作社

---

① Fulton M, Giannakas K. Organizational commitment in a mixed oligopoly: agricultural cooperatives and investor–owned firms［J］.American journal of agricultural economics,2001,83(5):1258–1265.

的集体行动变得困难，社员意见发生分歧冲突，组织认同和个人承诺淡化，合作社制度内在的固有缺陷变得突出。随着合作社的规模越来越大，特别是老一代社员退出历史舞台，新成员的价值取向越来越复杂，对合作社制度的认同和承诺淡化，合作社固有的产权问题日益暴露出来，合作社活力减弱，合作社制度的组织和管理困难重重。合作社运行的困难反过来进一步增强了社员对合作意识和价值观的质疑，这就形成了一个恶性循环。合作社不是静止不变的，主流的研究认为，合作社有它自身的发展周期。

库克把合作社的发展周期分为五个阶段[①]：

表2   合作社的发展周期

发起阶段	合作社的成立或是由于市场上某种产品的供给过多，价格太低，单个生产者希望通过组织起来达到对市场的某种控制；或者市场上存在垄断使供给不足，单个生产者通过建立合作社来增加供给和服务。因此，合作社的建立具有求生或反抗的性质
适应市场	针对市场供给过多而希望控制市场份额的合作社是短命的，而针对市场失灵而建立的合作社则能够有效地增加市场供给，并降低价格，因而可以生存并获得发展
发现问题	合作社由于产权模糊，组织和交易成本越来越大，运行越来越困难。
路径选择	合作社意识到产权问题的严重性，面临选择：或是退出，或是继续，或是改革，三者中必选其一
制度演进	如果选择退出，效率很差的合作社往往采取破产或与别的合作社合并，效率相对较好的合作社则往往选择改变为投资者企业
	如果选择继续，一些合作社会寻求外部投资或联合，但依然保持合作社的性质；另一些合作社则使其内部的资本结构化，即明确社员的资产份额，按份额确定投票权利，并承担经济责任和获取利益
	如果选择改革，则是建立新一代合作社，即社员出资购买合作社交易权，投资于农产品加工环节以获取价值增值

---

① Cook M L. The future of US agricultural cooperatives:A neo-institutional approach [J].American journal of agricultural economics,1995, 77(5):1153-1159.

（二）中国合作社的发展周期

合作社是市场经济的产物，西方的合作社在市场的变迁中早已完成了自身的演化。中国的市场经济体制确立之后，合作社也正在经历这样的发展过程，从而促成了合作社制度的演进。

发起阶段：20世纪80年代。我国联产承包责任制的确立，动摇了原有的农村集体经济根基，农业的生产经营又向一家一户的"小农经济"回归。与此同时，社会主义市场经济体制确立，在大市场中，农民面临着自然和市场竞争双重风险，同时还要经常忍受来自经济、社会及政治的各种不稳定因素带来的风险，最重要的是家庭经营原有的交易方式、交易主体、交易组织形式开始暴露出诸多不适应之处，无法高效地促成大市场和小农经济完成对接。此时，农民创造性地引入了专业合作这种传统的合作社制度作为大市场和小农户的中介，完成产品交易。

适应市场：20世纪90年代末到21世纪前10年。专业合作有效化解了市场经济条件下小生产对大市场的矛盾，将农民迅速组织起来进入市场。专业合作的有效性得到了市场的检验，国家开始自上而下地推广这种合作社制度。2007年通过《中华人民共和国农民专业合作社法》，这确立了专业合作的法律地位，并对我国农业专业合作社发展开始提供巨大的财政支持，我国的专业合作社数量出现了井喷式的增长。

发现问题：当前阶段。随着我国市场经济改革的深化，专业合作也开始暴露出许多问题，这些问题当中，有很多与西方合作社演进中的问题是相似的，比如在前一章节中论述的专业合作效率低所导致的缺乏市场竞争力、专业合作的规模不足导致的抗风险能力小和服务领域狭窄等问题。这些问题的出现，导致了社会对合作社的质疑。

路径选择：当前阶段到未来五年。以专业合作为代表的传统合作社制度在当前环境下出现的问题必须在短时间内解决，否则会影响整个农村经济的发展。作为行动主体的农民，在当前面临着路径的选择问题，退出，继续，改革，三者中必选其一。退出，即意味着放弃专业合作，而采用更有效率的现代企业制度；继续，即意味着在合作社范围内寻找更有效率的经济形态，如股份合作社制度、联合社制度等；改革，则是对原有的专业合作的运行模式进行改良，提高效率，而形成中国的新一代合作社。其实政府也对上一阶段发现的问题进行了思考，政策导向开始改变，从完全向专业合作倾斜到鼓励合作社制度的多元化。从十八大报告开始肯定专业合作之外的股份合作形态的发展，到十八届三中全会报告、2013年和2014年的一号文件则将合作社定位为多元化的经济形态。

制度演进：未来十年。合作社的制度演进其实已经开始，是合作社在市场规律下的自适应变革。我国各地已经出现了专业合作之外的多种形态，这些形态的生存与发展证明了其对环境的适应性，而在今后国家政策的推动下，必然会掀起一轮大规模制度演进的改革。

二、合作社的自适应变革过程

重要的原则可能也必须是富有弹性的。[①] 合作社历来有严格的规范性，规范化的核心表现在合作基本原则上。世界公认的合作基本原则就是在罗虚代尔原则的基础上经国际合作社联盟代表大会确定的。然而，在环境剧烈变迁之中，经典的合作社的原则已经发生了动摇，合作社的内核变少了，合作社的形态变化更多地被默认，更多的变化空间留给合作社的社员们去探索。

（一）合作社对成员异质性的包容

传统的专业合作社被假定为成员是相对同质的。但随着农业产业变革，这一假定也随之发生变化，成员异质性的趋势逐渐凸显。成员异质性主要体现在不同成员之间的资源禀赋、参与合作社的动机和目的以及在合作社创建和发展过程中的角色等方面。合作社的成员异质性是指有别于传统合作社成员特征的成员之间的特征差异化，它的根本表现在于

---

① 林肯语，转引自：苑鹏. 现代合作社理论研究发展评述［J］. 农村经营管理，2005（4）: 15–19.

成员间基于基本特征的利益诉求差异，当前许多合作社更是从一开始便出现了成员异质性倾向。

合作社社员之所以能够通过"成员民主控制"保证"按惠顾额分配盈余"和"资本报酬有限"，从根本上是因为合作社不仅仅是投资者所有的组织，而且同时是惠顾者所有的组织，社员必须是投资者与惠顾者两种身份的同一。①哈内尔认为，倘若同一性产生了一定偏差，那么合作社就会产生这些不良影响：其一，倘若合作社致力于外在业务，其服务对象不是社内成员，且关注的焦点只是收益，那么社员的权益将受到一定的损害，同时，公平性也将受到破坏，组织将难以维系其和相关成员之间的特殊联系，即最后这种关系只会呈现为普通的客户关系，合作社会变成公司制，开始只关注于营利。其二，倘若合作社在实际运营中没有对其内部社员进行有区别的对待，即内部社员与外部的非社员都能享受到平等的业务待遇，那么内部社员将遭受不公，因为他们创立合作社之初承担建设费用，并且投入了资本。这种情况下，合作社的性质发生了巨大偏差，从一种经济组织变成了公益性组织。②因此，同一性是合作社的基本原则，对其坚持旨在避免合作社朝着两个方面异化，即公益性或者营利性。同一性是合作社的根本属性，但在传统的合作社原则中，在其外延还有一个隐含的假设条件，即同质性。同一性要求社员是投资者与惠顾者的统一，而同质性要求社员对合作社的投资规模和使用量不能有太大差别。农村家庭联产承包责任制的出现与实施，确定了我国农民的市场主体地位，农业生产力被解放，农民得到了更高的农业收入。理论上讲，农民数量众多，但由于农民并不是市场中的强势群体，个体农民的情况也近似相同，农民迫切要求以合作来壮大实力。普通农户的经济实力没有太大悬殊，由其组成的合作社可以满足传统专业合作

---

① 徐旭初. 中国农民专业合作经济组织的制度分析［M］. 经济科学出版社，2005.

② 雷兴虎. 农业合作社的法律问题探讨. 中国法学［J］. 2004 (5): 88-96.

形态所要求的同一性与同质性。

但是我们还要看到，传统的专业合作制度具有不足之处，我国农民的素质和眼界决定了这种传统合作社具有先天缺陷，摆脱不了"搭便车"以及效率低等问题；同时从规模经营的角度来说，合作社的预期是他们的整体规模要到达一定的层级，产生规模效应，如果若干小农户联合之后的规模仍然较小，则合作是没有任何意义的。农民的合作能力虽然弱，但是解决当前与市场接轨的问题仍然必须依赖合作，此时，非农民投资的外生型合作社便成为最佳替代。[①] 因此，实践中鲜有由农户起主导作用而创立的具有经济效率的合作社，通常都是具备相应规模、设施水平较高的大户才有能力创立。另一方面，某些和农业相关的主管部门与其他一些涉农企业，出于自身经济利益的考虑，也成为合作社牵头者或者是组织者。因此，合作社形成过程中经济体制上的制度遗产，参与主体的多样性，成长路径的外生性，以及政治因素的作用，导致中国现时期的合作社在路径选择上不得不面临一个现实的合作悖论：发展合作社的初衷是帮助农民形成自助组织，维护农民自身的切身利益；然而，实践中合作社的形成和发展又不得不依赖于相对强势地位的非农主体。[②] 在这种条件下，合作社的社员开始了分化，最终形成两个群体：核心社员和普通社员。核心社员指合作社的领办者（包括非农主体），通常指占有资本优势的供销社、农技部门、基层组织、运销大户和龙头企业，普通社员为一般农户。[③] 需要注意的是，不能完全以入股的比例来区分两个群体，因为一般的合作社章程并没有将无形资产纳入到资产总额中，因此区分核心社员和普通社员的标志是看他们是否为领办合作社的发起人。

---

① 黄胜忠. 转型时期农民专业合作社的成长机制研究 [J]. 经济问题, 2008 (1): 87-92.

② 黄胜忠. 转型时期农民专业合作社的组织行为研究 [J]. 浙江大学学报, 2007 (10): 63-65.

③ 林坚将成员的异质性总结为自然资源（生产规模）、人力资源（管理才能）、资本资源（资金投入）和社会资源（人际网络）四个方面的不同。

没有核心社员就不可能有成功的合作社，就不可能有真正的合作社企业家，核心社员有能力增加农产品的加工附加值和销售附加值，增加合作社的整体组织利益。农村资本固有的稀缺性使核心资本的拥有者（核心社员）常常演变为合作社经营者和治理的驱动者，由于核心资本具有资产专用性、企业家才能的机会成本较高兼之普通社员可能产生的机会主义行为，核心社员必然要求较大的剩余控制权和索取权，才能使合作社按照自己的意愿运行。哈特曾经断言"在均衡状态，产生最高社会盈余的所有权结构将被选择"，并主张"拥有重要投资或重要人力资本的一方应该拥有所有权"。由此可见，核心社员内部人控制是核心社员投入物质资本权力的内在要求，是核心社员企业家才能和人力资本难以测度的外化表现，具有现实性、应然性和必然性。合作社发展之初，依托核心社员创办与引领是农户的必然选择。核心社员具有普通社员所不具备的卓越能力、资本与广泛的市场信息来源，因此，其能更具远见性，更为高效地配置重要资源，并且，核心社员在生产中起着关键的主导作用，其可以更有效率地配置重要资源的使用方向，实现效益的最大化[1]，通过核心社员还可以增强普通社员的联合议价能力，并且使普通社员获得生产、销售等产业链条上的价格改进[2]。

（二）合作社控制方式的改变

传统的专业合作社制度在现实中遇到的最大困难：一是资金实力不足；二是产出品价格太低；三是产品增值程度太低。由于缺少资金，合作社不能构建自己的销售网络，从而也难以单独拓展市场，而只能将自己的产出品以相对较低的价格，而不是市场平价出售给运销大户或者其他第三方实力雄厚、信息资源丰富、市场拓展能力强的农业企业或者农

---

① 周立群，曹利群.农村经济组织形态的演变与创新——山东省莱阳市农业产业化调查报告［J］.经济研究，2001 (1): 69 –75.

② 崔宝玉，李晓明.资本控制下合作社功能与运行的实证分析［J］.农业经济问题，2008 (1): 40 –47.

村的专业大户。有限的资金还制约了合作社对农副产品进行必要加工，甚至有不少合作社的产出品根本没有任何加工，而以极低的价格转让给了其他的农产品加工企业。在发展资金获得方面，长期以来，农民专业合作社一直受到银行还贷能力的质疑，再加上由于获得这种资金的价格超出了农民专业合作社的可承受能力范围，致使农民专业合作社只能靠自身的积累。但是，随着经济的发展和业务范围的扩大，这种杯水车薪式的积累并不能满足其需要。除此之外，在其他重要生产要素的获得方面，农民专业合作社也因为其获取价格太过昂贵而放弃。

形势倒逼农民专业合作社改变资本聚集方式，这就必然诱使农民专业合作社以承诺牺牲一部分分配权和控制权为代价吸引社会上雄厚生产要素和信息资源丰富的所有者加入农民专业合作社并成为其会员，并且由于其所提供的生产要素比普通合作社成员要多，自然成为农民专业合作社的核心成员。在对其所投入的重要生产要素产权残缺的条件下，由于对这些生产要素资源的贡献难以直接量化，核心成员必然倾向于股份化的产权结构。通过占有合作社相对多数股份，核心成员可以获得合作社的实际控制权，进而通过有利的剩余分配方式实现对投入合作社的稀缺生产要素的控制权和收益权，而这必然导致农民专业合作社"一人一票"制难以真正贯彻。合作社在监管与运作时，其首要重点就是合理配置剩余索取权以及控制权，并将它们进行最充分的利用，从而实现组织自身收益的最大化，提升其综合实力。但从本质上讲，合作社终究不涉及投资与控股，它所设定的惠顾返还体系规定了上述两大权力的享有者应该是所有的成员。另一方面，根据这两大权力有机结合的模式可知，成员应该具备该组织的剩余控制权，同时，该项权力必须根据成员之间的惠顾率，从而实现最合理的配置。将其与投资控权进行对比，可发现它们之中存有一定的差异。只不过在部分合作社中，在筹集资金方面还使用了按股返还的模式。

现代产权理论认为，有些权力能够弥补各自之间的缺陷，就像剩余索取权以及控制权，它们之间要实现有机的结合，否则，会导致企业亏损，产生难以预计的不良后果。因为获取信息的不均衡以及契约存有的问题，组织高管间接享有了企业的部分权力，因此，倘若剩余索取权没有在高管手中，那么，组织就难以进行有效的运营，实现自身收益的最大化，此外，其还可能通过自身的权力来谋取对自身有利的不正当收益。此处可以用GHM模型[①]来解释。GHM模型的基本思想是：当事人的有限理性，以及预见、缔约和执行契约的交易费用，导致当事人只能缔结一个无法包括所有可能情况的不完全契约。如果当事人在签约后进行了人力资本或者物质资本的专用性投资，那么他将面临被对方敲竹杠的风险，这会扭曲投资激励和降低总产出。在不完全契约中，专用性投资激励由事后谈判力（外部选择权）决定，而谈判力又取决于对物质资产的剩余控制权，这种权利由资产的所有者拥有。因此，为了最大限度地减少敲竹杠风险，应该将物质资产的所有权配置给对投资重要的一方。换言之，GHM模型认为关键是通过产权的配置来激励当事人的事前专用性投资，因此称为"新产权理论"。为了更直观地对比产权理论在1999年前后的演变，我们给出GHM模型的博弈时序。

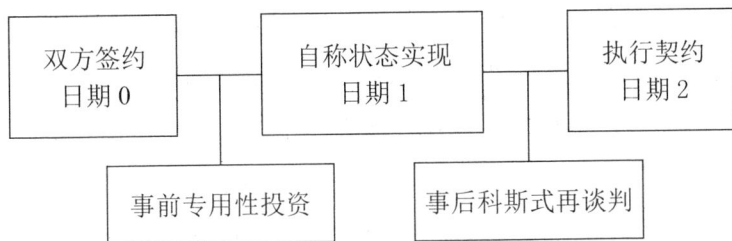

图6 GHM模型

图6表明，在日期0，双方当事人签订某种产品的交易契约。由于双方无法预见自然状态，或者即使预见到也难以写入契约并且被第三方

---

① 自从哈特及其合作者的两篇开创性论文（Grossman and Hart, 1986; Hartand Moore, 1990; 简称GHM模型）发表以来，产权理论便在契约理论、企业理论、制度经济学和法经济学等多个领域掀起一阵潮流，形成了"不完全契约理论"这一新的学派。

（如法庭）证实，初始契约是不完全的。在日期 0 和日期 1 之间，当事人中的一方或双方进行关系专用性投资，这种投资通常包括人力资本。在日期 1，双方投资的成本和收益实现了，并且成为可证实的公开信息，因此双方当事人根据科斯定理对初始契约进行再谈判，即根据最大化总产出的原则来配置产权。以上就是 GHM 模型的基本内容。哈特的新产权理论与旧产权理论的差别表现在，旧产权理论强调资产剩余收入的索取权，而哈特强调的是对剩余控制的权利。他认为后者比前者更为基本、更重要。此外，对剩余收入的索取权通常由众多人共事，而剩余控制权就少有共享。哈特的产权理论是对科斯定理的重大发展。他把注意力集中到契约不完全上。当契约不完全时，谁负责任？出现了纠纷怎么办？这时产权就很重要了。当不完全的契约不能把所有条件下所有的责任、权利规定清楚时，没有详细规定的那部分权利（剩余权利）就必须归属于资产的所有者。

因此，核心社员往往在合作社的治理制度安排中占有更加强势的地位，加之他们掌握的要素也决定了他们拥有控制合作社，发挥要素作用的能力，因此在合作社中享有更大的管理权、决策权和控制权，承担更大的风险，在利益分配中享有更多的权利。对绝大多数的普通农户而言，他们拥有充足的劳动力的要素，农业生产是他们的比较优势。但由于生产规模、自身素质等因素的限制，农业产前产后环节都是他们的劣势。由于合作社异质性的成员结构，无论是否负担成本，他们都可以享用到稀缺要素带来的收益，即参加合作社可以使他们在不付出或者付出较小的成本的前提下，共享由稀缺要素获得的良好的市场环境、合理的价格、技术指导、信息、金融服务等，以及作为惠顾者的分红，这样就弥补了他们的劣势，使他们可以发挥他们在农业生产上的比较优势。通过参加合作社，由于没有负担任何成本，他们可以几乎没有任何风险地实现农业生产销售过程的"帕累托改进"的目标。因此，由于没有对关键性稀缺要素的提供投入较大的成本，与要素所有者不同，他们关注的并不是要素带来的收益，而是稀缺要素所带来的价格改进、特殊服务价值（包括生产资料的优惠、农业生产技术的培训和推广、社区服务等）、市场环境改善等无形的收益。出于能力和要素的限制，他们对非生产环节的不了解使得他们只能按照合作社的要求安排生产，而较少地参与合作社的发展等问题的决策；出于对要素作用发挥带来的利益的追求，只要能保证他们产品的收益，他们倾向于让渡剩余控制权和剩余报酬索取权来换取上述利益，以实现利益均衡。因此，只要治理机制能够确保稀缺要素最大化地发挥作用，在合作社的治理过程中他们会倾向于作为"跟随者"维护获取可以最大化发挥稀缺要素作用的治理机制，并让渡合作社的产权、控制权和利益分配权，以获取目标收益。这种治理机制的制度安排是稀缺要素所有者和普通农民集团博弈的结果，他们以关键性稀缺要素的所有权为基础，将要素使用权和部分收益权让渡给了农户，换取了农户的合作，并通过对合作社的控制最大化发挥关键性稀缺要素的作用，获取关键性要素的规模收益。这既保证了对稀缺要素所有者的补偿和激励，也满足了普通农民维护要素带来的非生产性利益的需求和生产性利益需求，实现了全体社员的帕累托改进。

（三）合作社开始强调要素合作

现代的合作社强调要素合作。农民参与合作社，是要实现各种要素的共享与互助。农业生产涉及多方面的要素，这些要素包括劳动力、土地、资金、技术、管理、信息等各个方面。[①] 要素合作具有相当关键的作用，其可以将相关要素投放到最需要的地方，实现要素的最有效利用，同时能激发合作社的潜在优势，使其变为真正具有市场竞争力的特殊企业，单纯的劳动合作会极大地限制合作社的竞争力。因此，我们可以说，全要素合作是合作社可持续发展的必要条件。通过借鉴外国在该方面的探究结果可知，要实现农作物生产的标准化，提升其生产率，可依赖相应

---

① 孔祥智，蒋忱忱. 成员异质性对合作社治理机制的影响分析——以四川省井研县联合水果合作社为例 [J]. 农村经济，2010 (9): 8-11.

的合作社来实现，其他类型模式的收效都微乎其微。合作体系是否能够被社员所认可与维护，其关键点就在于收益的配置模式，倘若合作社的构建基石是要素契约，那么它就是农户的最优选择。[①]

　　奥尔森的研究发现，在存在着相当程度的不平等现象的小集体中，成员间合作的可能性更大，集体物品提供的可能性更高，集体物品所导致的收益不理想以及数目没有达到最优程度的概率会较小。对于发展程度较落后的中国农村，仅小部分农户能够全面持有相关的生产要素，他们自身不但具备良好的营销水平，而且可将农作物的生产推向产业化。然而，很多要素的投资回报利率与其生产模式存在着紧密的联系，通常情况下，农户个体都是以独自生产为主，这导致要素无法得到最充分的利用从而无法带来理想的收益。为了提升自身的收益，他们不得不采取合作的手段来将要素进行最充分的配置，提升产业模式的涉及范围，从而实现自身收益的最大化。从另一方面看，占有关键要素的核心社员要负起更大的组织责任，他们是合作社的主要投资方，同时，他们在社会关系方面、市场信息方面以及营销手段方面都要强于普通农民，其投入要素的出发点就是实现合作社更好的发展。

　　正外部性是合作社中的核心要素所呈现出来的最大影响，普通社员并非核心要素的持有者，却可以在合作社内得到由此所产生的所有收益。总的来说，合作社的运作与发展离不开核心要素，这使得持有核心要素的社员显得尤为重要，合作社应该采取一定的方式来激发他们分享核心要素的积极性，并在多个方面给予这些社员相应的收益。持有关键要素的社员，其可在适宜范围内充分展现自身能力以及要素所产生的良好影响，从而使其重要性被社员所熟悉，以便推进合作社的进一步发展，并以此令社员们获得可观的利润。

　　黄祖辉、徐旭初认为合作社会以利益的同质性为基础，在确定关键

---

① 杨义坛.农民专业合作社制度绩效分析［D］.浙江大学,2005.

性生产要素或组织能力之后，会尽量选择最具同质性的关键性生产要素的所有者，将控制权部分或全部赋予他们，因为他们投入了更大的成本，承担了更大的风险。[①] 该部分人群之所以在合作社中占据关键地位，是因为他们不但是合作社的投资主体，且在诸多方面都具有较强的实力，如科技方面、产品销售以及关系网等方面。持有核心要素的社员不得不面对更为险峻的未来不确定性，倘若要维护自身的利益，他们就必须在大体上掌握合作社，在现实当中，合作社也通过相应的模式体系来维护该部分人群的收益，如根据投入数额来分配相应的财产权。对合作社的控制可通过财产权进行呈现，因为这个权力涵盖了处置、所有以及营利等方面的权责。持有关键要素的社员为合作社的构建与发展贡献了绝大部分的财力以及生产帮助，这也确定了他们在合作社当中的关键地位，且他们可以此为基石来获得收益。然而，该部分人群通常会将一部分利润分配给合作社内部的农民，并为他们提供生产要素，以此来激发农民自身的工作热情。持有核心要素的社员希望通过扩大产业从而获得要素所带来的收益，所以，合作社对要素的关注程度更深。通过要素来产生收益的模式有两类，第一类为合作社充分利用关键要素的作用，树立其在一些方面的优势，进而产生收益；第二类是关于收益的配置方面，其基本依据相应的产权体系进行划分。在以往的合作社当中，根据惠顾额进行配置所获得的全部利润，是合作社内部雷打不动的规范，但是，成员间各自的特征不尽相同，按照他们的观念，要素所能产生的作用也不尽相同，这就使得合作社还会根据要素方面来进行衡量，从而实现利润配置的最大公正化。

（四）合作社对经营效率的追求

合作社是社员所拥有和控制的经济组织，其营利性并非完全等同于一般意义上的企业，它的目的不是单纯性地追求资本利润最大化，而是

---

① 黄祖辉，徐旭初 . 基于能力和关系的合作治理［J］. 浙江社会科学，2006, 1: 60–66.

为了保持合作社的活力，进而更好地服务于社员利益，以帮助社员实现自身利益的最大化。它对外具有营利性，但对内则是服务性的。作为社员间的互助经济团体，合作社的宗旨就是为社员提供服务，满足社员的经济需要。① 随着社会经济的飞速发展，原先由自愿入社、民主管理、限制股金分红、惠顾返还等罗虚代尔原则奠定的国际合作社原则，愈来愈受到股份制因素的冲击，致使合作社呈现新的发展趋势。

合作社在坚持为社员服务的同时，努力追求营利。"单个农户对某项农业生产项目进行承包，然后有机结合与此相关联的农户以及运营者等，从而实现个体单干朝着集体协作的方面前进，实现收益方面的共赢。"该项基础就是合作社的创建由来。这不会从根本上改变农户自身的农业生产模式，相反，还为各个成员提供了相应服务，并贯穿生产流程的所有环节。就以往的合作社而言，它们只会对内部成员提供优惠措施，且交易也要限制在组织内部，同时，其与市场的联系相当生疏。倘若不属于社内的社员想要使用组织所提供的优惠平台，一般来讲，他应该进行投资，就是先加入合作社，令自身成为组织内部成员。同时，创建合作社的初衷是为了联系各个分散的农户力量，即成员们可以依赖合作社来维护他们的收益与权利，而不是使合作社获得较高的利润，换言之，追求利润并非合作社的创建初衷。合作社之所以选择这样的发展与运作模式，这和那个时代的特定环境是紧密相关的。农户们基本都难以享受到相应的权益，为了改变这种糟糕局面，令自身的权益得到重视，他们就必须依靠合作社，将分散的力量进行集中，从而实现自身的良好发展。但是，由于经济的高速进步，生产方面呈现出越来越高的社会化特性，全球都呈现出一种合作互助、各取所长的现象，任务分工也相当明确。倘若合作社想要获得良好的发展，就应该积极适应这种环境，努力实现自身体系的升级以及实力的强化。另一方面，当今合作社的发展相当注重市场机制的作

① 王烨，朱娇，孙慧倩. 农民专业合作社的治理困境与对策探讨 [J]. 企业导报，2012 (8): 56–60.

用，没有一类经济体能够不和市场产生联系独自发展。从这个角度讲，合作社也应面向社会，面向市场，将关注焦点放在收益方面，升级原先的销售模式。只有这样，其才能在激烈的市场竞争中立足。

管理专业化的增强导致所有权与经营权分离。随着合作社经营规模的扩大，许多合作社出现了专门的管理阶层，他们在合作社中所发挥的作用和影响越来越大，其地位已经类似于公司"经理革命"后的经理阶层，而绝大多数社员对合作社的管理工作知之甚少，社员大会逐渐流于形式，甚至受其庞大的规模和社员管理知识欠缺的限制，距离合作社的管理活动越来越远。因此，合作社出现了社员所有权与管理层经营权分离的现象。这一只有公司出现的两权分离现象直接向社员自我管理的原则提出了挑战。[①] 在农民专业合作社发展的初期，农民专业合作社规模较小，其成员较少、业务较单一，因而对管理者缺乏激励、监督成本过高、决策效率不高等问题表现不是很明显。但随着市场经济的发展以及合作社规模的不断扩大，合作社的经营管理事务日益复杂，专业化的要求愈来愈高，内部管理制度存在的问题也愈来愈明显。在此种情况下，雇佣职业经理人从事管理活动可以很好地降低这些问题所带来的负面影响。社员管理合作社被拥有专业知识的职业经理所取代；合作社的荣誉性业务领导逐渐被受过良好教育、有足够的专业知识的专职管理人员所取代。在早期的合作社中，合作社的经营项目较少、业务工作单一，在管理人员中实行的是不计报酬、业余时间工作的荣誉职务制度。但是随着合作社与市场之间的联系日益紧密，特别是随着经营规模的不断扩大和向新的业务领域的发展，从社会上聘请专职经理也就不可避免。合作社的"经理革命"是市场竞争的必然结果。[②]

股份制因素的增多削弱了社员民主管理传统，动摇了一人一票表决机制。"一人一票制"是合作社区别于公司制的特征之一，即合作社对

---

① 邓洁.农民专业合作社治理的法律机制研究［D］.湖南大学,2007.
② 胡光明.中国农民专业合作社法律问题研究［D］.湖南大学,2007.

重大事务的表决，不论社员持股多少，一律实行一人一票，以保证全体社员的平等管理权。但从国外合作社表决机制的发展趋势看，一人一票制已不再是合作民主的唯一模式。现代合作社为了吸引更多资金，开始赋予大股东较多的表决权。例如在德国，针对某些对合作社经营产生重大影响的社员，在章程中规定他们最多享有 3 票的表决权，而且这一人多票制只适用简单多数表决制。美国有的州合作社立法也有同样规定。我国《合作社法》第 17 条规定了成员大会实行一人一票基本表决权制，但又规定，出资额或与本社交易量（额）较大的成员，可以享有附加表决权，附加表决权总票数不得超过基本表决权总票数的 20%。总之，虽然大股东的投票权与公司相比还有一定差距，但社员民主管理传统的削弱是不争的事实，意味着股份制因素逐渐改变着合作社传统的治理结构。

从合作社社员自我经营转向雇工经营。传统合作社反对雇工经营，社员既是股东又是劳动者。随着合作社的发展，其经营规模不断扩大，经营业务呈现综合化趋势。在这种情况下，农民专业合作社有必要突破劳动用工方面的禁区，实行雇工经营，像股份公司一样形成专家治理结构。无论是一般员工还是高级管理人员，都可从非合作社社员中雇请，由他们负责专业合作社的日常经营与管理。当下，在美国等西方国家，合作社许多员工并不是合作社社员，而是雇员，他们与社员之间形成了较典型的雇佣关系，它们的做法也开始被我国的合作社所借鉴。

（五）合作社对共有产权的明晰

"科斯定理"认为，若交易费用为零，无论权利如何界定，都可以通过市场交易达到资源的最佳配置。显然，现实经济生活中交易费用不可能为零，由此人们推出"科斯反定理"或"科斯第二定理"，即在交易费用为正的情况下，不同的权利界定会带来不同效率的资源配置。传统合作社实行开放的社员制，从而使合作社的资金不稳定，作为应对，合作社通常会采取相应的集资手段，如抽取一定比例的收益以及成员投资，并将其当成公共资产，这部分资产通常叫作公共积累。从某种角度上看，普通社员在获得成员身份的同时，要先投入资金，而资金的一部分会转变成公共资产，这也是资本报酬有限原则的体现。同时，合作社的积累至少有一部分是不可分割的公共产品，只有全体社员或绝大部分成员一起才能具备处置该部分资产的权力。也就是说，公共资产的主要来源就是组织收益以及成员投资，组织的公共积累形成了合作社的共有产权，共有产权是一种未清晰界定的产权，这种未清晰界定的产权很难形成有效的激励，其结果是未清晰界定的共有产权减弱了社员的投资激励。"共有财产"将带来两个方面的问题：一方面，诱致组织内部成员不加节制地利用组织，其具体呈现在多个方面，如不加节制地赚取组织平台所提供的优惠，在交易次数方面显得偏高，其目的就是获取自身收益的最大化。另一方面，不属于社内的社员也能够在一定程度上享有组织所提供的优惠。[①] 因为合作社并没有对入社门槛进行严格的限定，意味着组织将同等对待新社员和具有资历的成员，从非社员转变成社内成员不需要支付任何代价，这会导致产权的稀释。由于没有明确限定公有资产，这使得不属于社内的社员对此有了念头。他们极有可能在合作社成立初期或经营困难时持观望态度，而在合作社积累增加、经营状况较好时倾向于加入合作社[②]，而这种现象在全球范围内都普遍存在。

产权的明晰性就是为了建立所有权、激励与经济行为的内在联系。产权的可分割、可分离、可转让的属性，能使合作社制度与现代股份公司同样具有活力。产权明晰与产权模糊皆指"权利束"边界确定而言的，它与产权的完备性与残缺性、排他性与非排他性是等价的命题，完备性和排他性的产权通常是明晰的，而残缺性和非排他性的产权往往是模糊的。什么是产权的明晰性？西方产权经济学家尽管没有直接论述这个问题，但是他们的许多论述都与此有关。德姆塞茨在其《关于产权的理论》

---

① 冯飞.西部地区农民专业合作经济组织发展的产权界定［J］.农业经济，2008 (1): 55–56.

② 姜晓东.农村合作经济组织的产权分析［D］.南京师范大学，2007.

的经典论文中指出"产权包括一个人或其他人受益或受损的权利"。任何产权，如果其所有者是确定的且是唯一的，那么这个产权就是明晰的。但是有的产权，如合作社制度中的公共产权，所有者尽管是确定的，但是并不是唯一的，这也容易产生产权的模糊性。产权模糊有两种情况：一是产权权属关系不清，即财产属于谁未明确界定或者未通过法律程序予以肯定；二是财产在使用过程中权利归属不清，当产权出现分割、分离与转让等情况时，财产的各种权利主体变得不明确。

共有产权的界定模糊造成短视问题。合作社中最典型的未清晰界定的产权是投资的收益权。普通社员入社的门槛就是要购买相对应的股权，并以此来掌握交易权，同时，合作社会根据惠顾的数量来进行收益的再次配置，但是社员的投资却变成了公共积累。所以，成员的惠顾额与收益权之间存在着相当紧密的关联，根据惠顾额进行回报的现象表明，合作社惠顾者而不是投资者得到收益，合作社的这种制度安排是造成长期投资不足的根源。因为，合作社对剩余财产要求权转移的限制以及不能通过二级市场转移这种权利，使某一成员对某项资产所产生的净收益的剩余要求权的期限短于该项资产的生产使用期，短视问题就出现了。整体看来，惠顾额以及投资都可以产生收益，倘若成员进行投资的时候，其无法从中获得回报或者回报的过程复杂，社员就不会增加对组织的投资，而是增加其和组织的交易次数，当然，其还可以维持一定的交易次数，而在投资数额方面适当降低。

一种产权结构是否有效率，主要看它是否能为在它支配下的人们提供将外部性较大地内在化的激励。德姆塞茨认为，当内在化的所得大于内在化的成本时，产权的发展是为了使外部性内在化。内在化的增加一般会导致经济价值的变化，这些变化会引起新技术的发展和新市场的开辟，由此使得原有产权的协调功能变差。[①] 在共有产权下，由于共同体内

①　德姆塞茨.所有权，控制与企业：论经济活动的组织［M］.经济科学出版社，1999.

的每一成员都有权平均分享共同体所拥有的权利，如果对他使用共有权利的监察和谈判成本不为零，他在最大化地追求个人价值时，由此所产生的成本就有可能部分让共同体内其他成员来承担，且一个共有权利的所有者也无法排除其他人来分享他努力的果实，所有成员要达成一个最优行动的谈判成本也可能非常之高，因而，共有产权导致了很大的外部性。

在合作社发展的初期，传统合作社的产权界定有其经济合理性。但是，当合作社内外部的约束条件发生了变化，原有的产权制度变得不再适应合作社的发展，新的产权界定就会出现。在合作社不断发展壮大的过程中，其产权界定花费的成本与收益会相应变化，这种变化将成为诱使合作社产权制度演化的动因。在合作社刚刚起步时，合作社并没有多少公共积累。此时，无论是内部社员还是外部的潜在社员对合作社共有财产的攫取行为都不会造成严重的后果。收益或成本在个人和社会之间的差别意味着第三方面或者更多方面的存在。他们没有参与活动，也会获得一些收益或者付出点成本，即存在"免费搭便车"的现象，这会导致激励不足的问题。如果个人的成本大于个人的利益，个人就不愿从事此项活动，即使这项活动对社会是有益的亦复如此。[1]奥尔森的研究表明，在组织内部，组织收益是公共性的，每一组织成员都有平等的权利来分享收益，而不论其是否为此付出成本。组织收益的这一特点使得组织成员都希望免费搭车，由别人承担全部成本而自己只分享收益。[2]

随着合作社的发展，合作社规模不断扩大，进一步明确界定产权就变得非常具有吸引力。在公司制企业中，股东手中股票的价格变化代表了其所拥有的那份资产价值的变化，并且可以通过持有或出售股票来体现股东的风险偏好。当合作社资产价值上升时，如何明确共有产权中的私人份额就变得很重要，同时建立股权可增值、可转让制度，准确估价

---

① 董萍. 中国农民专业合作组织发展研究［D］. 山西财经大学, 2007.

② McGuire M C, Olson M. The economics of autocracy and majority rule: the invisible hand and the use of force［J］. Journal of economic literature, 1996, 34(1): 72-96.

社员投资的价值以及方便投资价值的实现，以满足社员的风险偏好也变得更加有价值。此时，建立封闭的社员资格制度以防止潜在社员搭便车也就势在必行。在过去的几十年中，随着合作社规模扩张和业务链的延伸，许多合作社积累了庞大的公共资产。这增加了合作社进一步明晰公用产权的必要性。

三、合作社的制度边界

（一）传统合作社的制度边界：罗虚代尔原则

罗虚代尔先驱们组成公平先驱社，其对社务经营之指导纲领，于1934 年及 1937 年国际合作联盟大会讨论复形成决议，将合作原则归纳为七项，称为罗虚代尔原则，即：门户开放、民主管理、按交易额分配盈余、限制股息、政治宗教中立、现金交易、重视社员教育，此外，附加四个项目，即社员专属交易、自愿入社、市价交易、创立不可分之社有财产。国际合作联盟认为一个理想的合作社应当遵循此十一项原则。而后，于 1996 年，又将原采用的十一项原则研修简化为六项，改称"合作原则"，适用于各种合作社，而不以消费合作社为限。

孙炳焱教授在《关于合作六大原则的诠释》一文中，针对六大原则，有着相当精辟之说明，其详如次：

门户开放：有共同关系和共同需要的人，得自愿入社，自愿退社。但加入、退出之自由，以不妨碍合作社整体之发展为限。

民主管理：合作社实行一人一票制，社员对合作社享有平等的管理权。合作社重视社员对业务的参与，避免职员揽权及事业优先，"扩大事业规模"和"社员的参与"应同时并重。

限制股息：为实现合作社之公平分配，股息应予限制。资本足以提升劳动生产力，对出资者支付公平利率之利息。在合作组织中，资本服务于劳动，劳动不为资本或资本家服务，严拒按资本分红。

盈余摊还：基于公正分配及确保合作社非营利的服务本质，合作社盈余为社员所共有，储备充分基金及强化对社员服务之设施外，应按交易额摊还社员，其分配悉依民主程序由社员所决定。

重视教育：合作社应重视教育，对聘任人员予以合作教育及技能训练，对社员及选任人员灌输合作精神，训练合作社民主运营所需要之知识，对社会大众进行合作宣传。

社间合作：合作社为发挥组织功能，强化服务力量，应促进单位社与联合社之合作，并加强异种（不同种类之意）合作社间之合作。

上述合作六大原则反映两点基本精神：其一是"坚持合作组织是服务性的"，其二是"坚拒以资本作为合作社权力来源之想法"，此两种基本精神，一方面继承罗虚代尔公平先驱社以来反营利反利润之传统，另一方面亦为合作运动指出发展方向，奠定合作事业与合作运动的基本架构与共同目标。[①]

依据尹树生之研究，合作六大原则，实际含有三个基本要素，即门户开放、民主管理及按交易额分红，亦即一个经济组织遵守三个基本原则，实质上，已与公司组织大异其趣，当可称之为"合作社"。楼桐孙教授指陈四点看法：其一，审视罗虚代尔原则，无非就是要察时变；其二，罗虚代尔合作原则，自始就含有弹性的、不成文的、古老的合作原则，适用的领域，本来指重视"消费"，现代一般经济生活，却已五花八门，探求其适用性，不必削足适履；其三，罗虚代尔原则之审视，不应认为是本体问题，而应该于必要时，仅从"适用"方面设法加以调整；其四，合作原则不必有"基本""次要"之区分，因为原则的重要性之认定，常因国情与制度之差别而异。[②]依据黄建森教授之看法，合作原则应涵盖多数、民主、自由、经济、教育及效率六个属性。[③]

① 孙炳焱.关于合作六大原则的诠释［J］.合作经济,1989(12):10.

② 楼桐孙.变与不变——论今日的罗虚戴尔原则,载于楼桐孙先生合作学术论著选集［M］.中国合作学社,1985: 360–365.

③ 张士杰.孙中山的民生主义合作经济思想［J］.产业经济研究,2008(5):75–76.

1952 年美国合作联盟出版了博加德斯（Emory S.Bogardus）的《合作原则》，博加德斯从生物进化的过程，推论具普遍性之合作进化原则，确认"合作为一种生活方式"。勃卡达主张合作组织之理念与哲学，提出七项原则：民主原则、自愿原则、自治原则、公平原则、互助原则、普遍原则、进化原则。[①]

1980 年，雷德洛（Laidlaw）在《公元二千年的合作社》报告书中，针对六大原则提出两点质疑：其一，六大原则系由经营习惯提升而成的，本身并不一定具备合作特质的理论基础；其二，合作原则以消费合作为主要设计，对于农业劳工与住宅合作未必能适用。雷德洛特别提及前国际劳工组织合作部部长哥伦比亚（Colombain）的五个合作原则：团结与相互协力原则，平等与民主管理原则，非营利运作原则，公平、公正与调和原则，广义文化意义之合作教育原则。雷德洛提倡，合作应该树立"足以成为 21 世纪指引之星的合作原则"，所提及崇高的经济理论以作为合作人士努力之目标。哥伦比亚比较重视合作理念、合作哲理，他强调实践原则背后之合作理念，使合作原则更具普适性。[②]

1986 年，国际合作运动家沃特金斯（Watkins），提出七个合作原则的基本伦理是：团结与统一、经济原则、民主原则、公正、自由、责任或任务、教育。沃特金斯合作原则之建立及遵守特色，不言非营利而强调经济性及责任。

1988 年，前国际合作联盟主席马库斯（Marcus）呼应雷德洛，试图重新赋予世界合作运动"新的伦理与新的规范"，举出合作社重要价值：自助价值、互助价值、非营利价值、民主价值、自愿努力价值、普遍性价值、教育价值、目的价值。马库斯在综合上述价值的基础上，提出四项基本

---

① Emory S. Bogardus. Principles of cooperation［R］.Cooperative league of the U.S.A. 1964.

② Alexander Fraser Laidlaw.Co-operatives in the year 2000: a paper prepared for the 27th congress of the International Co-operative Alliance［R］. 1987.

价值：社员的参与、贯彻民主主义、诚实信赖与公开、对他人的关怀，此等合作价值足具实践性与平实性，"价值"中强调身为合作人及合作社的基本态度与伦理，于此之"价值"取代"原则"，但内涵相通。[①]

1995 年，国际合作联盟针对合作社之价值重新提出合作七原则，明确揭示合作的伦理价值：自愿与公开的社员制、社员的民主管理、社员的经济参与、自治与自立、教育、训练与倡导、社间合作、关心区域社会。[②]

值得注意的是，关于合作社制度的原则有不同的"版本"，它们的地位并不一样。2002 年 6 月，国际劳工组织第 90 届大会通过《关于发展合作社的建议书》，敦促各国政府把促进合作社制度发展作为经济和社会发展的重要目标之一。国际劳工组织《关于发展合作社的建议书》对合作社制度的定义、价值和原则，采用了 1995 年国际合作社制度联盟通过的《关于合作社特征的宣言》。由此说明，罗虚代尔原则得到了的广泛国际性认可，是当前公认的合作社制度边界（如下表）。

表 3　　　　　　　　　关于合作社特征的宣言

定义	合作社是人们自愿联合、通过共同所有和民主管理的企业来满足他们共同的经济和社会需求的自治组织
Definition	A co-operative is an autonomous association of persons united voluntarily to meet their common economic, social, and cultural needs and aspirations through a jointly-owned and democratically-controlled enterprise
价值	合作社是建立在自助、自担责任、民主、平等、公平与团结的价值基础上的。合作社社员继承合作社创始人的传统，信奉诚信、开放、社会责任与关怀他人的伦理价值
Values	Co-operatives are based on the values of self-help, self-responsibility, democracy, equality, equity and solidarity. In the tradition of their founders, co-operative members believe in the ethical values of honesty, openness, social responsibility and caring for others

---

① 孙炳焱.最近合作思潮之新动向［J］.合作经济,1987(21): 13.
② 此处为《国际合作联盟关于合作社本质的声明》的相关内容。

（续表）

原则	合作社的原则是合作社实现其价值的指导方针
Principles	The co-operative principles are guidelines by which co-operatives put their values into practice.
原则一： 自愿和开放的 社员制	合作社是自愿的组织，对所有能利用其服务，愿意承担社员责任的人开放，无性别、社会、种族、政治和宗教歧视
1st Principle: Voluntary and OpenMembership	Co-operatives are voluntary organizations，open to all persons able to use their services and willing to accept the responsibilities of membership，without gender，social，racial，political or religious discrimination
原则二： 民主的社员管理	合作社是由社员管理的民主的组织。社员们积极参与制定合作社的政策和决定，选举产生的男女代表要对社员负责，基层合作社社员享有平等的选举权（一人一票），其他层次的合作社也应以民主的方式组成
2nd Principle: Democratic MemberControl	Co-operatives are democratic organizations controlled by their members，who actively participate in setting their policies and making decisions. Men and women serving as elected representatives are accountable to the membership. In primary co-operatives members have equal voting rights（one member，one vote）and co-operatives at other levels are also organised in a democratic manner
原则三： 社员的经济参与	社员们平等地贡献和民主地管理合作社的资金。这些资金必须有一部分是合作社的公有财产，对于社员资格股金，如有盈余，社员们一般只收取有限的补偿。社员们将一部分盈余用于以下各项或某项目的：建立积累基金用于发展合作社，其中一部分积累基金是不可分配的；按社员与合作社的交易量返益社员和支持社员们同意的其他项目
3rd Principle: Member Economic Participation	Members contribute equitably to，and democratically control，the capital of their co-operative. At least part of that capital is usually the common property of the co-operative. Members usually receive limited compensation，if any，on capital subscribed as a condition of membership. Members allocate surpluses for any or all of the following purposes: developing their co-operative，possibly by setting up reserves，part of which at least would be indivisible；benefiting members in proportion to their transactions with the co-operative；and supporting other activities approved by the membership

（续表）

原则四： 自治、自立	合作社是社员管理的，自治、自助的组织。合作社要与其他组织，包括与政府达成协议或从外部筹集资金，则必须以确保社员的民主管理和维护合作社自主权的方式进行
4thPrinciple: Autonomy and Independence	Co-operatives are autonomous, self-help organizations controlled by their members. If they enter to agreements with other organizations, including governments, or raise capital from external sources, they do so on terms that ensure democratic control by their members and maintain their co-operative autonomy
原则五： 教育、培训和信息	合作社为社员、社员代表、经理和雇员提供教育和培训机会，以便他们能更有效地为合作社的发展做出贡献。合作社还要向大众，特别是向青年和重要的传播媒介宣传合作的性质和优越性
5th Principle: Education, Training and Information	Co-operatives provide education and training for their members, elected representatives, managers, and employees so they can contribute effectively to the development of their co-operatives. They inform the general public - particularly young people and opinion leaders - about the nature and benefits of co-operation
原则六： 合作社之间的合作	合作社通过在地方、全国、地区和国际组织中的合作，最有效地服务于社员和加强合作社
6th Principle: Co-operation amongCo-operatives	Co-operatives serve their members most effectively and strengthen the co-operative movement by working together through local, national, regional and international structures
原则七： 关心社区事业	通过合作社社员同意的政策，为社区的可持续性发展服务
7th Principle: Concern forCommunity	Co-operatives work for the sustainable development of their communities through policies approved by their members

（二）中国合作社的制度边界：民办、民管、民受益

现代合作社与严格遵循罗虚代尔原则的传统合作社比较，在制度特征上存在差异。现代合作社制度演进的趋势是"强制性规范"减少和"章程自治"内容的增加。但"章程自治"并不意味着合作社章程可以由社员任意约定。合作社虽然在发展过程中吸收了现代企业制度的一些做法，但各国合作社运动的实践表明，合作社的变革并没有使它演化为企业，现代合作社与企业相比较，至少存在四个方面的区别：合作社的顾客往往也是它的所有者，而资本企业的顾客与企业的投资者是分离的。合作社的目标是使其既是所有者也是顾客的社员受益，而企业的目标只是使其所有者受益。虽然一些合作社承认社员之间的差别，但是对投票权的加权比例有严格限制。而企业里投资比例或拥有的股份决定其投票权。一些合作社为了吸收外来资本，对其实行按股分红，但是按股分红的利率有一定限制，而且一般没有投票权。而企业里按股分红是天经地义的，分红比例和投票权不受任何限制。

长期以来，学术界对于国际合作社联盟提出的合作社原则一直存在着争议。一些学者认为，这些原则只能成为经营原则，并不具备合作社理论自身所应有的本质规定性；可以成为流通或服务领域合作的行动纲领，但不具备普遍性。他们认为，规范的合作社原则首先应当建立在理论观念层次的基础上，从哲学的意义上解设计合作原则，而且应当有更为广泛的涵盖面，应成为各类合作社所奉行的一般原则而非某类合作社的专指原则。这些学者试图提出既更具有普适性和规律性，又更符合现实经济社会环境的合作社原则。不过，由于这些更接近合作学思想或意识形态的原则毕竟缺乏制度可操作性，因而其影响始终弱于国际合作社联提出的原则。相对于这些学者的质疑和提法，国际合作社联盟在1995年《关于合作社特征的声明》中也表明了合作社应以自助、自律、民主、平等、公平和团结为价值基础，社员应信奉诚实、开放、社会责任和关心他人的道德价值观。仔细分析合作社原则和实践的演变，不难发现，

在合作原则的变迁中，出现了各种版本的合作原则，尽管它们千差万别。但社员身份的同一性、成员民主控制、按惠顾额分配盈余和资本报酬有限仍然是合作社的核心，实际归纳起来就是"民办、民管、民受益"[①]。

1. 民办原则：社员身份的同一性

合作社之所以能够通过"成员民主控制"保证"按惠顾额分配盈余"和"资本报酬有限"，从根本上是因为合作社不仅仅是投资者所有的组织，而且同时是企业客户（惠顾者）所有的企业，投资者与客户的身份同一。哈内尔认为，合作社同一性错位有两种后果：如果合作社出于营利的目的而开展非社员业务，以致社员应得的扶持越来越难以实现，从而公平供给下降，社员与组织的关系不断疏远，逐渐等同于一般的顾客或业务伙伴，则合作社就转向以营利为目的资本公司。如果合作社的非社员业务不是以营利为目的，公平的供给对社员与非社员一视同仁，则不仅社员的权利受损，而且他们作为合作社财产的所有者，还要承担由此而来的额外费用。这样公平就不再是集体物品，而成为公共物品，合作社也就转变为公益组织了。所以，任一朝向的同一性错位都将导致其合作社性质的改变。

因此，合作社必须坚持同一性，即合作社的财产所有者和惠顾者（业务伙伴或顾客）同一。如果二者出现错位，并且错位达到一定程度，则合作社或者演化为营利企业，或者演化为公益性组织。所以同一性是合作社的一项重要原则。因此，合作社与其他经济组织的根本区别在于社员身份的同一性，即既是合作社的所有者（投资者），又是合作社的惠顾者（使用者）。而这种社员身份的同一性的分配意义则必须体现在资本报酬有限和按惠顾额分配盈余上，其治理意义则必须体现在成员民主控制上。

在传统的合作社制度中，合作社只是社员经济的执行机构，它不从

---

① 此处借用原农业部部长孙政才的对合作经济性质的总结"民办、民管、民受益"，参见人民网的报道：孙政才：规范农民专业合作社 坚持民办民管民受益.

事或很少从事非社员业务，其生存与发展也依赖社员对它的需要程度和对它所提供的服务的需求程度，因此它缺乏独立性；但是在现阶段的合作社制度中，社员对于合作社的依赖大大降低，他们也与合作社的竞争对手建立业务关系，而合作社除了与社员保持业务关系，也开展非社员业务和其他以营利为目标的业务。但是，非社员的投资是受到限制的。

2. 民管原则：成员民主控制

为了使合作社的收益按照按惠顾额分配盈余和资本报酬有限原则进行分配，社员就必须确保自己对合作社治理制度的控制。在无法根本解决代理问题的情况下，这种控制必然是能够充分反映每一个社员利益诉求的"成员民主控制"。例如：在美国有关合作社的法律规定中，"一人一票"与"股息率不得超过8%或州法定股息率"是可以相互替代的，也就是说，如果合作社坚持"一人一票"，那么股息率可以高于"8%或州法定股息率"；如果合作社不坚持"一人一票"，那么"股息率不得超过8%或州法定股息率"。加拿大则明确规定，在坚持"一人一票"的同时，"任何社员的贷款利息、任何社员的红利等不得超过章程中规定的最大比例"。这些说明至少在北美地区，合作社作为一个约定共营制度，只要坚持"一人一票"式的"成员民主控制"，资本报酬就服从企业组织自身约定。不仅如此，既然"按惠顾额分配盈余"是合作社的核心，那么，合作社决策结构的基本特征就不可能是"一人一票"式的民主管理，而是按惠顾额确定投票权。"一人一票"制可能只是按惠顾额决定投票权的原则在社员之间具有同质性或对称性时的一种特例。这样看来，北美地区新一代合作社在社员资格不开放和股份可以交易的条件下，巧妙设计了股本量、投票权与惠顾额相应的制度安排，从而使惠顾额报酬与资本报酬统一起来，解决了劳动（报酬）与资本（报酬）的分配矛盾。

合作社对公平的追求应是其存在的终极目的之一，这里的公平不仅是形式意义上的公平，而且应是结果意义上的公平，是实质意义上的公平；这不仅体现组织内的公平，而且体现组织外的公平。农民专业合作社要真正做到"民受益"，就必须解决好"民管问题"，也就是民主控制问题，以确保社员的主体地位和权利，关键就是要建立有效的或最终的民主控制权。在我国的合作社发展实践中存在严重影响社员民主控制的因素，如：合作社的股份化倾向、合作社产权主体异质性、内部人控制，因此，尽管许多合作社在章程中明确规定了社员（代表）大会是最高权力机构、一人一票等民主控制的条款，但大多数情况下，社员受到核心社员的影响很大，往往出现"选举不过是确认，讨论不过是告知，监督不过是附议"的现象。不仅如此，面对强势的经理人，社员大会、监事会等机构形同虚设。对社员大会而言，由于一方面社员缺乏参与管理的积极性，容易滋生"偷懒动机"，每个人都想"搭便车"而缺乏监督经营者的积极性；另一方面部分社员具有参与管理和决策的意愿，也往往难以形成真正的投票权。而监事会成员的相对弱势，使得他们难以合理地行使权利和履行义务。于是合作社的内部监督被虚置，民主控制失去了基础。因此，有必要对新型农民专业合作社内部治理结构进行必要的引导和规制，建立健全适宜社员民主控制的机构和机制，完善社员权利体系，建立社员民主参与的激励机制。

3. 民受益原则：按惠顾额分配盈余与资本报酬有限

农民参加合作社首先（也是根本上）是为了获得经济利益的增长和改善，因此，分配问题是合作社的核心。合作社营利的主要分配依据不是服从于所有者（投资者），而是服从于惠顾者（使用者）的。按股本分配意味着公司剩余权是事先按股份确定的；而按惠顾额分配意味着剩余索取权是事后按惠顾额确定的。剩余索取权分配的差异表明公司实际上代表原有资本提供者（股东）的利益，而合作社则真正代表内部交易对象（社员）的利益，能使交易的合作剩余充分内部化，从而真正保护交易对象（社员）利益。所以，按惠顾额分配盈余是合作社制度的核心。此外，资本报酬有限实际上是按惠顾额分配盈余的另一面。既然按惠顾额分配盈余，那么，股金在合作社中是仆人，而不是主人。一般说来股金不支付红利，而社员为合作社未来发展提供的额外（除缴纳股金外）资本，可以获得相当于银行利率的利息，但不能分红。在合作社规范的分配程序中，首先应是提留公共积累，其次是支付有限的资本报酬，最后则是按惠顾额返利。而支付资本报酬先于按惠顾额返利，正是体现了成员惠顾者是合作社的主体，它和按惠顾额分配盈余是中国合作社的核心特征之一。

四、合作社的制度演进路径

在市场经济条件下，传统合作社制度被迫在实际操作中不得不做出种种创新：从开放的社员资格到限制社员自由退社，从放松资本报酬有限到允许外部资本进入合作社，一步步向着现代企业制度方向靠拢，产生了新一代合作、股份合作制度和联合社制度等形态，而这些形态与传统意义上的合作社制度，或者我国法律中界定的农民专业合作已经大相径庭。

2007年实施的《农民专业合作社法》第二条规定："农民专业合作社是在农村家庭承包经营基础上，同类农产品的生产经营者或者同类农业生产经营服务的提供者、利用者，自愿联合、民主管理的互助性经济组织。""农民专业合作社以其成员为主要服务对象，提供农业生产资料的购买，农产品的销售、加工、运输、贮藏以及与农业生产经营有关的技术、信息等服务。"可见，该法所规范的合作社是基于相同类型生产或服务的专业性经济实体，尽管对农村合作社事业的发展起到了十分重要的推动作用，但从6年多来的实践看，专业合作已经不能包容广大农民多样化的合作需求了，为此，2013年中央一号文件首次提出"农民合作社"的概念，指出："鼓励农民兴办专业合作和股份合作等多元化、多类型合作社。"

如果从合作社的规定性来分析，在政策放宽的领域中，股份合作

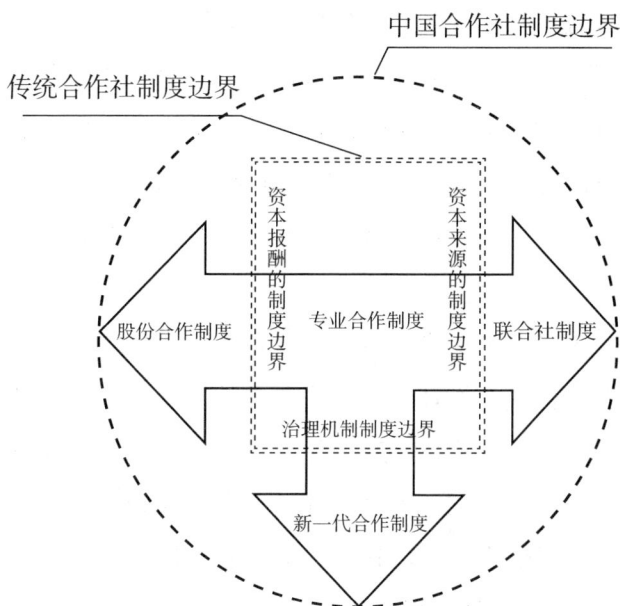

图 7　合作社制度的演化路径

和土地合作都是合作组织形态对传统合作社资本报酬边界的突破，所以应该同属于股份合作范畴，其具体形态只是根据股份的来源区分为社区股份合作和土地股份合作。同时，信用合作的功能应该被包容在传统合作社和股份合作社的职能当中，而并不应该使其成为独立的经营主体，因为农户进行信用合作的主要目的是解决生产和经营环节的资金流转问题，这个完全可以依托合作社内部的资金互助组或者外部的信用社和村镇银行解决，同时因为普通农户也不可能聚集到能够维持一个金融机构可以正常运转的资本，因此信用合作不应该成为一种独立的合作社制度。再者，专业合作和股份合作虽有明确的界定标准，但是不排除有许多中间形态的存在，这些形态往往汲取了其他经济制度的优点，能够更好地适应市场，如新一代合作社。综上本书认为未来合作社的制度必然是多元化的，其出现的新制度主要有股份合作、新一代合作以及联合社制度。

　　向股份合作制度演进。资本报酬有限，导致社员对合作社投资激励不足，投资不足导致合作社的规模低于最优规模；按惠顾额分配盈余却需要合作社具有足够的规模。如果合作社对其内部的资本结构化，即明确社员的资产份额，按份额确定投票权利，并承担经济责任和利益，承认适度的资本报酬，则打破了传统合作社对于资本报酬的规定性，但是仍然保持合作社的其他属性，这就形成了股份合作社。在我国农村地区，股份合作社主要是以土地和社区资产量化入股，分别被称为土地股份合作社和社区股份合作社。

向新一代合作制度演进。由于传统合作社在治理中的低效率，新一代合作社放弃了传统合作社绝对公平民主的治理理念，而采用"效率优先，兼顾公平"的治理策略。新一代合作社打破了传统合作社开放社员制度，采用封闭社员制，不允许社员自由入社和退社，甚至要对社员进行挑选。在社员对合作社的投资方面，和比例投资合作社一样，新一代合作社按惠顾量（不是惠顾额）比例认购股金，且不允许社员抽回投资，经允许可以转让；如果需要扩股，可以直接按惠顾量比例进行。它规定社员必须是合作社的使用者，保证投资者与使用者的同一性；按惠顾量（额）分配盈余，体现社会公平。

向联合社制度演进。在面对大市场的背景下，分散的合作社与分散的小农户并无本质的区别，这是农民对合作社缺乏热情的重要原因，也是诸多小合作社有名无实的重要原因。如果合作社寻求外部投资或联合，则突破了传统合作社对于资本来源的规定性，即外部资本介入合作社的发展中，形成规模效益，在保证民主控制和按惠顾额分配盈余的合作原则之下，组成了合作社的联合社。

未来我国的合作社中，将会呈现形态多元化的局面。一是传统合作（专业合作）继续存在。这类合作制度属于典型的劳动者联合，由经营同质农产品的农户自发联合起来，共同抵御市场风险。合作制度的主要服务功能是向农户统一提供生产资料和统一销售农产品，这类合作制度虽然合作层次尚不高，但由于决策上实行一人一票，分配上实行按交易额分配与股金分红，股权分配比较平均，农户的合作意愿较强烈等，将在我国一定时期内继续存在。二是股份合作制度日益兴起。股份合作制度是为保持合作社基本特征并吸收股份制长处而形成的合作制度，主要由农业公司或少数种养大户出资作为股东，吸收周边农户作为社员参与成立，盈余按股份分红。这类合作制度集合作社制度和股份制的优势于一体，扬长避短，显示出蓬勃的发展势头。三是新一代合作社崭露头角。在农业经营的适度规模化改造进程中，我国部分农村地区（东北和新疆地区）将会出现与北美类似的大农场为主的农业经营模式，为新一代合作社创造生存和发展的环境，同时新一代合作社作为最接近现代企业制度和运行效率最高的合作社制度必然会被广泛采用。四是联合社制度成为趋势。当前我国的合作社制度普遍规模较小，面对巨大的市场风险和不确定性，合作社之间的合作将会成为一种趋势。

第四章 合作社制度特征辨析

合作社所处的外部环境改变致使其自身发生自适应的变革，演化出许多新的合作社制度，未来我国的合作社中，必将会呈现出形态多元化的局面。

一、专业合作制度

（一）专业合作的制度描述

专业合作制度是在农村家庭承包经营基础上，同类农产品的生产经营者或者同类农业生产经营服务者的提供者、利用者，自愿联合、民主管理的合作社组织方式。我们应从以下方面理解：首先，专业合作制度建立在农村家庭承包经营基础之上。它是由依法享有农村土地承包经营权的农村集体经济组织成员，即农民为主体，自愿组织起来的合作模式。加入农民专业合作社不会改变家庭承包经营。其次，专业合作制度是自愿和民主的经济制度。各位成员在组织内部地位平等，并实行民主管理，在运行过程中应当始终体现"民办、民管、民受益"的精神。再者，专业合作制度是具有互助性质的经济组织形式。它以服务成员为宗旨，服务是连接成员的纽带。参加组织的成员，都是从事同类农产品生产、经营或提供同类服务的农业生产经营者，目的是通过合作互助提高规模效益，完成单个农民办不了、办不好、办了不合算的事。这种互助性特点，决定了它以成员为主要服务对象，决定了"对成员服务不以营利为目的"的经营原则。

专业合作是我国主要的合作社制度，这种制度之下的组织形式——农民专业合作社，在全国的合作社组织中占据了绝对的数量优势。《中华人民共和国农民专业合作社法》的第一章总则第二条对农民专业合作社进行了简要的定义，包括两个方面的内容：一方面，从概念上规定合作社的定义，即"农民专业合作社是在农村家庭承包经营基础上，同类农产品的生产经营者或者同类农业生产经营服务的提供者、利用者，自愿联合、民主管理的互助性经济组织"；另一方面，该法从服务对象上规定了合作社的定义，即"农民专业合作社以其成员为主要服务对象，提供农业生产资料的购买，农产品的销售、加工、运输、贮藏以及与农业生产经营有关的技术、信息等服务"。

（二）专业合作制度的特征

专业合作是相对弱势群体的联合。农业的产业弱质性以及小农户经营分散孤立的特点决定了农民在市场竞争中的劣势地位，从而为合作组织的产生提供了发展条件，社会中的弱势集团都希望通过合作改善自己的处境。① 从某种意义上讲，合作社起着社会安全阀的作用，它通过缓解社会矛盾，把社会上的弱者纳入共同的可持续发展之中。在强调以人为本中促进农民专业合作社的发展。在资本和劳动的关系上，农民专业合作社一贯强调的是劳动支配资本，而不是资本支配劳动。著名合作理论家季特曾经讲过："合作制度将资本分取利润降为只赚工资，这无异于一场社会革命。"1995年，在国际合作社联盟成立100周年大会上发布的有关合作社原则的背景文件中，在解释"社员经济参与"原则中，又再次强调"资本是合作社的仆人，而不是该组织的主人"。农民专业合作社承袭了这一特征。尽管其产权构成具有异质性和多样性，但农民专业合作社仍以劳动者的劳动联合和劳动者的资本联合为主，在组织中是劳动支配资本而不是资本支配劳动，劳动者通过民主决策行使其控制

① 林毅夫.再论制度、技术与中国农业发展［M］.北京：北京大学出版社，2000.

决策权，盈余主要按劳动者的劳动贡献进行分配，股金购买者只获得有限的利息。在这种组织中，或者劳动者作为委托人来雇佣经理人员，或者劳动者与经理合二为一，最终结果都是劳动雇佣资本而不是资本雇佣劳动。专业合作是为农民提供服务和为农民谋利益的组织形式，其主体也一定是农民。因此，农民有没有合作的有效需求，也就是农民愿不愿意合作，是农民专业合作社能否建立的首要必备条件。这一点是与农民的理性特点分不开的。合作与不合作的最终选择，都是农民进行"算计"的结果，这种"算计"不仅仅是对预期利益的计算，也是对预期损失的衡量。如果预期利益十分明显，大得足以忽略为此付出的成本，或者预期损失达到难以忍受的水平，人们就容易形成合作。然而，在这两种极端的情况之间，人们的合作积极性就会减弱许多。这一点从一个方面说明了，为什么在有些不发达地区，建立农民专业合作社的时间比较晚并且数量少，这是因为在不具备一定的经济条件下，农民还没有组建农民专业合作社的有效需求。这就是为什么一些地区在政府有关部门的极力倡导下，勉强组建了一些农民专业合作社，而最后却不得不解散的原因。

专业合作强调民主参与和控制。农民专业合作社为其成员提供民主参与的机会，自助互利、民主平等、公平和团结是合作社的基本价值观。农民专业合作社是社员民主管理的组织，组织的方针和政策由成员共同参与决定，成员有平等的选举权，社员公平入股实行民主管理。1995年国际合作社联会确立的基本原则中第四条规定：自主和独立。我国农民专业合作社虽然在组织规范和运行机制上与经典合作组织有一定的差别，但其本质仍然是由其成员控制的自主和独立的组织，如果他们与其他组织正式协议或在社外筹集资本，组织成员的民主控制和自主原则不能因此而受到损害。专业合作最大程度上解决了公平问题。尽管合作组织的效率不高，但它在一定程度上实现了公平，在各国也获得了较大的发展。所以，除效率这一因素外，肯定还有其他吸引农民和政府的地方。显然公平性是其存在的基础，并代表了合作组织的生命力。专业合作重点解决的是组织内部成员间的公平。随着竞争的加剧，专业合作在满足公平的同时，也在追求效率。如逐步引进竞争机制、现代企业管理方式、内部市场化等，这些都大大改善了合作组织的效率问题。

专业合作对外以营利最大化为目标，对内强调非营利性。它是一种劳动者的联合，与那些以资本联合为主的普通企业有着本质的区别：农民专业合作社的顾客往往是合作社的所有者，而普通企业的所有者与顾客通常是分离的；农民专业合作社的目标是使自己的所有者同时也使顾客获得收益，这是一个双赢的利益，而普通企业以营利为目标与顾客收益没有直接关系。正因如此，农民专业合作社与普通企业有很大区别。农民专业合作社是追求成员利益最大化的组织，农户对农民专业合作社的制度需求源于维护和增进社员利益的预期。农民专业合作社的利益分配机制的核心问题在于其在多大程度上体现农民专业合作社的本质规定性，即如何使社员不仅能得到农产品原料的收益，还能得到加工和销售环节中返还的一部分利润，从而真正实现通过农民专业合作社来提高农民组织化程度，解决对农户的利益维护和增进问题。

（三）案例分析（姜家埠蔬菜专业合作社）

1. 案例基本情况

青岛市姜家埠蔬菜专业合作社于 2007 年 10 月 15 日成立，现有农户社员 120 户，团体社员蔬菜公司 2 家，合作社建立了两万余亩、年产 10 万余吨的绿色无公害蔬菜种植基地，辐射姜家埠、崖头等 20 个村庄，直接带动 1 万余户农民从事蔬菜种植、加工。它依托南村蔬菜批发市场，建设了两万吨蔬菜保鲜库和大型蔬菜配送中心。合作社经营范围涉及良种繁育、蔬菜种植、技术推广、储运配送等整个蔬菜产业领域。所使用的"姜家埠"牌蔬菜商标被评为"青岛市著名商标""食品安全示范品牌"，成为 2008 年奥帆赛食品备案种植基地。[①]

---

① 隋姝妍.青岛市姜家埠蔬菜专业合作社：基地＋品牌＋市场［J］.科技致富向导，2011，(8):25.

2. 运作特点

建立规范民主的管理体制。该合作社自建立之初就制定了完善的章程，先后成立了理事会、监事会，并明确分工和岗位职责。它坚持"民办、民管、民受益"原则，重大事项由成员（代表）大会讨论决定，合作社社员参与管理，自我发展。建立健全了合作社的财务管理账体系，如总账、现金账、银行账、明细账和会计报表。设立了成员账户，并进行了盈余分配，出纳、会计、审核岗位职责分明。

为社员提供产前、产中、产后的服务。该合作社聘请农业专家讲课、农业技术员全程跟踪指导服务并严格采取了"统一种植计划、统一种子供应、统一技术管理、统一生产资料供给、统一品牌销售"的五统一管理模式，为社员降低了生产成本，保证了社员在生产过程中的高产低耗。同时在社员内部推广绿色、无公害种植技术，积极推广农业部行业标准和地方标准，以及"姜家埠"牌无公害蔬菜生产技术总规程等标准。

签订协议，以销定产定户。该合作社按照客户订单所需的品种及数量，合理安排种植规模及种植时间，做到蔬菜常年均衡上市，并与菜农签订生产收购协议，既保证了客户需求又降低了合作社社员的生产风险。

带领社员走品牌化发展之路。该合作社已在北京新发地市场、上海曹安市场等大型蔬菜批发市场设立了"姜家埠"牌有机蔬菜专销柜台，并接受了中央电视台的采访，将简单的蔬菜买卖融入现代化销售推广中。姜家埠蔬菜专业合作社始终本着质量第一、信誉至上、服务为先的经营方针，使合作社业务范围不断扩大，初步实现了科研、生产、育种、管理、销售、冷藏、加工、配送、市场信息发布、交流等全方位一体化的现代科学管理模式，成为青岛市"菜篮子"工程的可靠成员。

3. 启示

实践证明，发展农民专业合作社，既坚持了家庭承包经营的基础地位，又实现了农户间多种形式的联合与合作，促进了小农户与各类市场经营主体的有效对接，实现了农业生产资源和经营要素的优化配置，形成了"一村一品、一品一社、一社一业"的产业格局，成为创新农业经营体制机制、转变农业发展方式的重要途径。但是在专业合作社发展迅猛的形势下，必须要尊重合作社发展的规律。

农民专业合作社的治理机制必须规范。要想实现合作社的自我发展，并在此基础上带动农村经济发展，合作社必须采用现代化科学管理的方式。在管理中应注意明确合作社成员的权利与义务关系，保证大部分社员在决策中的主导地位，同时努力建立治理实施路径，完善社员大会、理事会、监事会等合作社治理机构，保证农民行使权利的途径畅通。

农民专业合作社建设必须符合农民的根本利益。农民专业合作社的主体是农民，有没有建立农民专业合作社的必要，建立什么样的农民专业合作社都应该由农民来做主。而超越农民的需求和生产力发展水平，强制让农民合作而组建的农民专业合作社则没有长期生存和发展的基础。

农民专业合作社应该结合实际，自主发展。经济发展水平和产业发达程度，与农民专业合作社的发育和发展有着密切的联系。一般而言，农业专业化生产水平越高，组建农民专业合作社的愿望越强烈；产业特色越明显，越容易组织和联合。要给农民更多自由发展的空间，减少行政干预。国家相关行政机关为农民专业合作社提供良好的服务，是农民专业合作社健康发展的必要条件。如果干预过多则适得其反，不仅会增加组织的应对成本，而且会阻碍农民专业合作社的发展。农民专业合作社发展的实践证明，越给农民创设宽松的发展空间，农民专业合作社发展得越好。

二、土地股份合作制度

（一）土地股份合作的制度描述

土地股份合作，是在家庭联产承包责任制"两权分离"的基础上，将土地承包经营权进一步分离为承包权和经营权，在不改变原土地承包关系的前提下，按照股份经济和合作社的原则，明确集体所有权，稳定农户承包权，搞活土地经营权，将农户承包土地或集体土地，联合资金、技术、设备等其他生产要素，统一量化入股，将入股土地委托给合作社经营，农户按照股权从土地经营收益中分得利润的合作社制度。形象地概括就是：土地变股权，农户当股东，有地不种地，收益靠分红，由此而成立的合作社即为农村土地股份合作社。

农村土地股份合作是农业经营模式和农村集体土地流转机制的创新和完善，是农村土地承包经营方式的又一重大变革，也是富民强村、发展壮大村级经济的有效途径。合作社最高权力机构是股东大会和股东代表大会。它接受村民的入股申请，承办土地入股的登记、核准、发放、变更以及红利分配等事项。监督工作则由股东选举产生的监事会承担。合作社代表在政府协调和持股者的监督下，直接经营合作社土地或与承租土地的公司进行谈判，为持股农民谋取土地的增值收益，向政府或其他有关部门反映农民的意见和要求。[①]

农村土地股份合作的根本目标是通过激活土地流转机制，促进土地资源的优化配置和农村经济发展，使农民增收。一方面，各地区在要求农户土地承包经营权入股时，必须坚持"依法、自愿、互利"的基本原则，尊重农民意愿，入社自愿、退社自由，要以提高土地经营效益和股金收入等经济手段来吸收农民入股，不能以行政手段强迫农民入股，更不得借改革之名损害农民利益。组建的土地股份合作制度要以《农村土地承包法》《农村土地承包经营权流转办法》等相关法律、法规为依据，依法获得法人资格、依法经营、规范管理，不得擅自改变土地所有权性质和用途；另一方面，要坚持因地制宜、形式多样的原则。由于各地农村自然资源、社会经济发展水平差异较大，实践中的土地承包情况和入股经营项目及其效益等大不相同，因此，土地股份合作改革不能搞"一

---

① 王康如.农村土地股份合作社的运行机制及构建研究［D］.河南农业大学，2012.

刀切"，可以因地制宜、因村制宜地采取多样化的改革形式，并进行分类指导，各级政府可在财政、税收、注册登记等方面给予优惠和扶持政策，促进其发展壮大。

（二）土地股份合作制度的创新特征

融合了合作社与股份经济的优点。土地股份合作把股份制引入合作社，实现劳动、资金及其他要素的联合，形成多种所有制融为一体的格局，以扩大生产经营规模的方式极大地发展了社会生产力。与专业合作相比，土地股份合作社更类似于一种通过合作化的形式建立起来的一体化的企业组织，具有更高的效率。因为土地股份合作建立了包含土地、劳动要素投入的一系列长期契约关系。企业契约是要素所有者之间为获得合作剩余而达成的协议，其基础是企业内分工和专业化带来的效益的提高以及技术或资产的集中使用导致的规模经济等。土地股份合作通过要素合约，在农村区域实际上建立了一种企业内部管理关系，能够保证合法地获取土地增值收益和垄断收益，并在更大的范围内协调土地利用。事实上，土地股份合作不止保证了村（组）集体对土地增值收益的实际获得和集体分享，同时也方便了大规模的专业化生产。①

实现了土地资源的集中利用。土地股份合作另一个基本特征是将土地资产进行股份量化以实现土地实物集中和规模效应。一方面是按照公平原则实现土地合作化的一种方式，另一方面它又是实现社区多重目标的一种经济形态，比如为农村社区成员提供社会福利保障，为农村社区公共物品供给筹集资金等。因此，土地股份合作也使得农村决策权集中化，它把原来由众多农户在土地利用、经营、投资、处置等方面各自行使决策权的分散决策机制，改变为由村（组）集体或一体化的土地股份合作组织进行统一决策的集中决策机制。比如，土地集中起来后，由村（组）集体或土地股份合作组织统一规划，统筹安排未来的土地利用方向，

---

① 徐朴，王启有.农村土地股份合作社的实践与探索［J］.四川行政学院学报，2008 (3):84-88.

如统一划定农田保护区、建城区以及工业园区等；按照统一规划，由村（组）集体或土地股份合作组织统一组织开展道路、供电、供水、通讯、煤气、绿化、公益事业、土地平整等基础性开发；由村（组）集体或土地股份合作组织统一进行对外招标，统一集中行使土地处置权，统一向地产市场供应集体建设用地；由土地股份合作组织统一集中收取地租或土地使用费等，统一进行土地资产经营性投资和土地资产经营性收益分配的管理。建立在土地集中基础上的决策权的集中化，意味着一种市场垄断力量的形成。面对日益增长的建设用地需求，这种市场垄断力量有利于最大限度地获取土地增值收益。

（三）案例分析（南山王谷葡萄生产合作社）

南山王谷葡萄生产合作社是依托中粮长城葡萄酒（烟台）有限公司组建而成的土地股份合作社，合作社位于蓬莱市南旺街道办事处，成立于2006年初。南山王谷葡萄土地股份合作社现有入社农户1980户、入股土地面积5000多亩、折股8000多万元。蓬莱市政府派出了专门工作组对农民土地进行价值评估，每亩地价为15000元—17000元，按每股1元折算股权数确权到户；然后，实行土地再分配，将社员变成工人。农民入股的土地由公司投资开发成葡萄基地以后，按照"入股社员优先"的原则，对土地实行再分配，划片经营、责任到户。同时，合作社按照与公司签订的合同做出生产计划，统一技术标准和操作规程，统一苗木和生产资料供应，将合作社的葡萄园转化成一个大型车间，农民转型为"农业工人"，完全按照企业规程实行标准化生产。

1. 案例基本情况

南山王谷葡萄土地股份合作社社员根据合作社章程可以获得两种收益。一是入股土地资本收益。社员入股土地作为优先股，按年2.88%的利率分红，以后每3年平均增值10个百分点。入社第一年，每个社员按照土地均价16000元计算，亩均获得固定收益460.8元，户均2655.36元。二是土地经营收益。社员按照公司亩产800公斤的限制标准进行生产，公司以保护价收购，扣除农药、肥料和管理费用，仅向公司销售葡萄一项，每亩就可实现纯收入2500多元，是以前种植粮食收益的8倍。同时，为避免自然灾害和市场风险，在合作社内部，企业和农户还共同建立了风险基金，公司把销售收入的0.5%划出来作为风险基金，农户每耕种一亩土地，也拿出60元作为风险抵押金，企业和农民共同承担市场风险。南山王谷葡萄土地股份合作社的创建，在以农户土地承包经营权入股的基础上，通过劳动、资本和技术的联合与优化配置，促进了传统农业向现代农业的快速转变。合作社是在政府的引导和协调下，企业和农户按照市场原则，完全在平等自愿的基础上组建起来的。这一农业产业化创新模式一方面实现了土地规模经营，使企业获得了高质稳定的原料供应渠道；另一方面使入社农民不仅获得了土地经营收益，而且又使其作为土地所有者获得了土地使用权量化入股的股金分红；并且通过社区建设，改善了农民的社区环境和生活福利水平，直接促进了当地农村区域的经济社会发展。

2.运作特点

该合作社是农业产业化龙头企业与农户在市场激励和约束下的平等自愿联合。与我国各地目前已出现的被列入城市征地规划的市郊农村土地股份合作社不同，南山王谷土地股份合作社是农业产业化龙头企业和农户之间基于追求市场条件下各自目标最大化的直接联合，它是依托于中粮长城葡萄酒（烟台）有限公司创建起来的。一方面，像其他农业产业化龙头企业一样，中粮长城葡萄酒（烟台）有限公司的发展需要大规模标准化的原料生产基地；而另一方面，处于传统农业生产经营束缚下的农民急于寻求长期稳定的增收路径。企业土地规模经营面临的农户总数将近2000户，若逐一进行市场讨价还价，产生的巨大交易成本可能使交易根本无法达成。这是创建土地股份合作社的基础。

与企业传统利用土地方式，即与征地方式不同，土地股份合作社最为重要的特征是农民作为其承包土地使用权所有者的地位并没有被剥夺。土地既是一种基本生产要素，同时又是农民的基本生活保障。在传统农业向现代农业转变的过程中，既要强调保护农民的土地承包经营权，同时又要提高土地经营效率，实现土地作为生产资本（或要素）功能。这可能是现阶段乃至将来很长一段时间内农村土地面临的亟待解决的主要问题。土地股份合作社在确保农民承包土地所有权不变更的基础上，通过土地折价入股，发展规模经营和现代农业，帮助和促使传统农民迈入现代市场经济，能够有效实现农村土地各项功能的良好结合。

3. 启示

通过对南山王谷葡萄土地股份合作社的剖析可以得出，在社会主义市场经济条件下，发展合作社可以按照市场原则，在不同利益主体之间坚持"激励相容，利益均衡"，寻求不同利益主体的合作，合理引导各种资本的投资发展。

要承认和明确农村土地权益关系。创建土地股份合作社，首先是必须明确农村土地权益关系，尤其是农户对土地经营的剩余索取权和转让权——承认农民拥有土地的长期使用权，而且拥有相应的转让使用权的权益。同时，承认和保护对农民因土地使用权而产生的土地收益、土地使用处置权和土地收益处置权等土地权益。其次是要确认和保护土地权益的商品化、市场化。土地作为一种基本的生产要素，只有通过市场价格机制实现其合法顺畅流转，才能够得到有效配置。因此，让农民个人真正成为承包土地的产权主体是创建土地股份合作社的基本保障。

要保障土地资产的专用性。若企业对土地的先期投资水平高，企业必须考虑如何减少可能由于土地种植方式变更引起的已附着于土地上的资产成本，也就是沉没成本。中粮长城葡萄酒（烟台）有限公司把土地改造成葡萄种植基地，平均每亩需要先期投入约 10000 元。案例中合作社的土地资产由于其专用性强，企业才对其投资，这也是出于对企业经营成本和风险的权衡。因此，土地股份合作社的土地资产必须能够长期保持稳定，而如果因为部分社员的随意退出而造成的规模变动则可能对经营产生巨大影响。

三、 社区股份合作制度

（一）社区股份合作的制度描述

农村社区股份合作是指在坚持土地集体所有和集体资产不可分割的前提下，按照合作制原则，借鉴股份制形式，将集体资产折股量化到人，把原村组集体经济改造成为股份合作社，确定社区农民对集体资产的民主管理权和利益分配权。农村社区股份合作的产生诱因是农村集体资产急剧增加导致的集体成员对占有、分配集体资产的欲望，在原有制度安排下无法实现这一目标，所以自发地进行改革。农村社区股份合作把部分集体资产量化到个人，量化的只是收益的分配权，股份的所有权仍然归集体，集体经济的公有制属性没有发生根本变化。与原来相比，私人占有了分配权，"公私兼顾，以公为主"。由于兼容了股份经济和合作社的特点，表现出了鲜明的制度特征。社区股份合作社坚持合作原则，在收益分配方面则借鉴了股份制的方法。[①]

（二）社区股份合作制度的创新特征

一是明确了公共产权归属。股权设置是社区股份合作产权安排的核心，集体股与社员分配股的比例是其重要的制度安排。而这种结构的安排又会进一步影响到其整体运作的效率。农村社区股份合作的产权安排首先是清产核资，设置股权。清产核资是股份合作社产权改革的基础性工作。对集体财产的清理关键是要合理地评定集体财产的价值总量，以便把它界定给每一个成员。清资对象一般是除土地以外的生产性固定资产、现金和存款，而对文化福利设施如幼儿园、学校、敬老院等非生产性资产，没有纳入产权界定范围。土地征用费也不纳入，全部作为集体的发展基金。这意味着农村社区股份合作社的改革与家庭承包责任制并

---

① 刘爽，郭淑缓，李志伟.农村社区股份合作制研究[J].农业经济，2012 (2):39-41.

不矛盾。从改革的目的来看，设置股权就是要改变过去笼统模糊的"集体所有"，把评估后的集体财产明确界定给社员，从而形成多元产权主体。从改革的历史过程看，社区股份合作社在股权设置上的基本做法是把评估后的集体净资产分解为"集体积累股"和"社员分配股"，社员在分得个人股份时同时以个人现金入股，由此形成了三元股权结构。产权权利从残缺走向完备，使制度演进的轨迹呈现为从不断地调整社员股份逐渐过渡到一次性配股，从过去的无偿配股逐渐过渡到有偿购股。由于社员个人股份一次性分配后不再调整，以及由于出资购买，使得产权具有了更多的排他性和可转让性，而越来越走向完备。

二是产生了产权激励。完整意义上的产权实际上是由一系列权利组成的权利束。它包括占有权、使用权、收益权和处分权（可进一步细分为交易（转让）权、抵押权、继承权和赠予权、退出权等）。相对于传统的集体产权，农村社区股份合作不仅明确界定了社区成员的占有权，而且在一定程度上明确了收益权、继承权、转让权等，丰富了权能。参与分红是收益权的体现。任何一种产权，个人拥有抑或转让，都要从经济上获得收益。从社区股份合作社产生的直接动因来说，收益分配更牵动着千家万户。社区股份合作的分配借用了股份制按股分红的形式。一般是由董事会提出股份分红方案，经股东大会讨论通过后执行。分红资金必须是当年股份合作社生产经营的纯收入扣除了上缴税费、公积金和公益金后的余额；征地费不得纳入分红。但是，社区股份合作的分配与股份制不完全相同。首先，社区股份合作社的制度安排一般都要求把集体经济收入的大部分用于集体扩大再生产和公共福利事业，保证农村社区的发展。同时，社区股份合作社的分配制度最大的特点是把股份分红与股东履行社会义务的责任结合起来。这已经成为社区股份合作社的一个重要功能。在社区股份合作下，完整的集体资产依然存在，通过明晰产权、按股分红，焕发了传统的社区集体资产的生机，增强了凝聚力。社区股份合作社掺入的私有成分不仅并未改变社区经济的公有性质，相反，共同占有起到了"以私壮公"的作用，把农村传统集体所有制经济改造成为"劳动者的劳动联合和劳动者的资本联合为主的经济形态"①。

三是优化了农村社区治理。社区股份合作引入现代企业制度的组织制度和治理结构，建章立制，把原来的社区集体经济组织改变为社区股份合作社。社区股份合作社实行股东代表大会领导下的董事长负责制。股东代表大会是股份合作社的最高权力机构。股东代表大会行使以下权利：通过和修改本社章程；选举和任免本社董事会干部；审查和批准本社的发展规划、年度计划和经济预算；讨论和通过其他重大事项。董事会是股份合作社的常务决策机构和管理机构，实行董事长负责制。自然村股份合作社设立的相应机构是理事会。董事会负责管理本村集体企业，制定发展规划，组织生产经营，管理和制定本社资金的使用和规划，监督和检查资金的使用情况，分年度做好股金的偿还本息和社员分配股的分红工作，健全和保管好本社的有关工作资料，完善有关事宜，根据集体经济的发展情况，适时研究本社的扩股、配股和分红等问题。同时由于激励机制健全，公共资产增值与管理者报酬紧密挂钩，管理者积极性空前高涨，集体资产经营效益大幅提高，农村社区福利也相应提高。

（三）案例分析（莘庄工业区社区股份合作社）

1.案例基本情况

莘庄工业区社区股份合作社成立于 2009 年 5 月 31 日。它是由莘庄工业区对申强村、新生村、紫磊村、联农村、新农村等 5 个村集体资产进行评估审计评估后，经村民代表大会通过认可设立的。股份合作社由 5 个村，88 个生产队，7057 个股民组成，入股率为 72%，入股股金为 1.1168 亿元。目前合作社总厂房建筑面积 13.8 万平方米，总资产为 1.8 亿元。②

① 傅夏仙.股份合作制：理论,实践及其适宜领域［D］.浙江大学,2003.
② 吴剑晓.上海市莘庄工业区社区股份合作社研究［D］.上海交通大学,2010.

股份合作社的资产是 7057 位股民入股投资的财产，管好、经营好股民资产，使股份合作社资产有效保值、增值，切实稳步提高股民的收益关键是运作的规范化和专业化，理事会等管理层人员责任重大。总体思路是"决策民主，管理规范，专业运作"。根据社区股份合作社的实际情况，理事会制定了一系列管理制度，交由股民代表大会审议。这些制度包括：员工管理制度、工程招投标制度、理事会议事制度、固定资产管理制度等等。经大会审议通过，具体管理层严格加以贯彻执行，以期做到"有章可依、依章办事"。同时，管理执行机构在每个动迁较集中的居民小区以宣传栏为平台，定期把合作社的经营动态、重大决策、财务收支状况每季度向股民代表和全体股民公布，让股民及时知晓。管理机构日常执行过程接受监事会和股民监督。

2. 运作特点

莘庄工业区社区股份合作社的最高权力机构是股东代表大会，其执行机构是理事会，而非董事会。理事会的产生是由股民按"一人一票"的原则推选而出，而不像董事会按股份多少推选而出。理事会在执行的功能上，体现了董事会的特征。社区股份合作社的这一特点，既体现了股民平等参与决策的权利，又发挥了董事会集中执行的优势。社区股份合作社的运营管理模式，突出地体现出了股份公司与合作社两种模式的完美结合。

社区股份合作社在保证稳定经营与发展的基础上，进行比一般股份公司更大力度的分红。预期收益目标一般控制在每年股金红利率为 8%—10%，这就大大高于同期银行利率水平，如发生收益波动比较大的现象，可以进行适当的调控手段予以解决。2009 年，从实际成立的 6 月至 12 月底，社区股份合作社实际收入 2214 万元，实现利润 1049 万元，年末红利分配 9%，社区股份合作社的农村社会保障功能初步显现。

3. 启示

社区股份合作可以同时兼顾社会公平与经济效率。在经营上，社区股份合作充分吸收了合作社与现代企业的优势并尽可能地避免它们的缺点，使社区股份合作得到进一步的发展与完善，在功能上充分实现了合作社的社会功能，在效益上充分体现着现代企业高效特征。它用事实证明，社区股份合作社在目前的经济环境下是有强大生命力的。

社区股份合作可以脱离以农业为主的业务领域。传统合作社主要是以农业的生产经营为主营业务，不管是在资本主义国家，还是在我国都是如此，而莘庄工业区社区股份合作社，不仅不从事农业，而且还涉足工业地产的开发、生产性服务业和其他很多领域。比如该合作社的主营业务是工业区业务范围的重要补充，工业区主要从事土地开发利用，其企业性质系国有独资，因此涉足的领域也受到了限制，而大量企业入驻以后，随之而来的生产性服务需求却长期得不到满足，那么社区股份合作社的出现就起到了重要的补充作用。农业生产经营之外的收入，必然会带来农村社区的更好发展。

四、新一代合作制度

（一）新一代合作的制度描述

新一代合作是由传统的专业合作进化而来，基本保留了传统合作社的特征，但是在交易方式和社员制度两个方面实现了变革。新一代合作不仅是一种社员自我服务和民主管理的合作社制度，更是一种以获取投资回报为目的合作社制度，它呈现出明显的市场竞争力。

新一代合作实行交易份额制。和传统合作社经济形态一样，新一代合作的初始资金主要来源于合作社成员。但有所区别的是，它是以认购农产品交易份额或交易权的形式向社员募集的，即股权筹资。交易份额是根据合作社的初始投资规模和初级农产品加工数量确定的，既可以标示为一定数量的农产品，也可以标示为一定的资本量。农民要成为合作社的社员，就必须购买交易份额。而农民一旦购买了一定数量的交易份额，即投入了一定数量的股金，那他就获得了每年向合作社交付相应数量和质量的农产品的权利。同时，这也是一种义务。当社员无法按要求向合作社交付约定数量和质量的初级农产品时，则必须从别处购买予以补齐，或者由合作社代为采购，但费用由社员个人承担。当然，合作社也有义务接受社员按约定交付的原料农产品。可见，合作社的交易份额也可以理解为合作社与社员之间的合约，它规定了合作社与社员之间的权利和义务。新一代合作并不要求每个社员的交易份额或持股水平相等，但通常对社员个人的最高份额和最低份额会有所限制，以免合作社受个别成员的左右或控制。此外，新一代合作的利润返还也是根据社员持有的交易权比例进行分配的，实现了社员权利和资本权利的联结。

新一代合作采用封闭成员制。相对于传统合作形态的开放社员制，新一代合作的成员资格是受限制的。个人必须购买交易权才能成为合作社的社员，认购交易权是社员惠顾合作社的唯一途径。交易权一旦认购完成，合作社就立刻封闭起来。社员不能随意退出，合作社也不轻易接纳新社员。合作社的社员数量也并不是一成不变的。当需要扩大经营规模时，合作社就有发行新股的动机，社员数量有可能增加。同时，社员的交易权在征得合作社理事会的同意后是可以交易的，其价值依据与合作社效率有关的预期而变动。这相当于在合作社的外部存在着一个具有股票市场功能的股权交易市场，赋予了农民"进退自由"的权利。此外，有些新一代合作在成立之初还要对申请入社者进行挑选，符合条件的才准入社。因此，并不是所有愿意加入的人都可以成为合作社社员的。新一代合作的成员资格相对封闭。

（二）新一代合作制度的创新特征

新一代合作制度以"投资 – 利润"为交易份额制和封闭成员制为主要特征。[①]它在提高农民收入，提高合作社的运行效率，增强合作社的稳定性，改善农产品的商品结构，提高农产品的出口竞争力上效果显

---

① 蒋云龙. 北美新一代合作社的组织特征及绩效［J］. 安徽农学通报，2010，16(7): 7–8.

著①，大大提高了合作社的活力和竞争力，具体表现在以下几个方面：

具有较强的资金实力和较高的运行效率。由于新一代合作制度要求参与成员必须承购一定数量的交易权股，这样一来，合作社建立时，就可以获得一笔客观的资金。同时，由于允许外来资金参与合作社投资，这使得合作社还可以从社会吸收大量资金，大大提高了合作社的资金实力。另外，新一代合作在创建初期就通过可行性研究确定了它最佳的经济规模，由此确定了社员向合作社提供的产品数量。这样使合作社可以按照经济有效的规模组织生产，避免传统合作社经常出现的设施投资过大，生产能力和供给过剩等问题。②

具有较强的内部凝聚力。传统的合作社制度大多以松散型为主，把合作的重点放在农业的产前、产中、产后的服务上，因为没有资本联结而形不成紧密的联系，容易出现各种短期利益的投机行为。由于新一代合作采取向社员出售交易权股的做法，每股赋予社员向合作社递交一单位农产品的权利，社员必须根据拥有股份所要求的投售量向合作社提供农产品，同时，合作社必须接受这些产品。社员向合作社提供的农产品除了数量上的规定外，还有质量上的要求，如果社员不能提供合同规定的数量和质量标准的产品，合作社将从市场上购买这些产品，并按市场价格计入社员账户，这样在合作社与社员之间形成了一个"双向合同"。这使得合作社与社员之间建立了一种互相依赖，稳定了的交易关系。同时，由于合作社的利润主要根据社员和合作社的交易权股份返还，这意味着社员与合作社之间真正形成了风险共担、利益共享的共同体，可以有效避免传统合作社中社员追求短期利益的行为，提高合作社的凝聚力。

---

① 张木生. 美国新一代合作社的特征、绩效及问题分析［J］. 现代农业装备，2006 (6): 8-12.

② 韩国明，田智文. 北美新一代合作社与中国农民合作社发展环境与参与主体的差异分析［J］. 农村经济，2011 (5): 125-129.

（三）案例分析（伦维尔市新一代合作社）

1. 案例基本情况

新一代合作社是指 20 世纪 90 年代初出现于美国明尼苏达州和北达科他州，以后发展到加拿大和相邻其他州的 200 多个开展农产品加工增值，实行封闭成员制的新型合作社。明尼苏达州是新一代合作社的发源地，其中伦维尔市是盛产新一代合作社的摇篮。[①] 该市位于拥有大量生产高附加值、农民自有的合作社，被当地人们誉为"合作社的首府"，主要有南部甜菜制糖合作社、金蛋合作社等。伦维尔市新一代合作社则更早开始从事加工增值业务，以美国第八大蛋类加工企业——金蛋合作社为例进行分析。通过建成一个生产者自有的，社员关系密切的合作社，生产者不仅可以从稳定的农产品价格中获益，同时还可以从加工厂的股份中分得红利。为了筹集投资合作社的资本，伦维尔市 383 个玉米生产者以每股 3.5 美元的价格购买合作社股份，每人获得每股提供 1 蒲式耳玉米用于加工的权利。1998 年，合作社成员除了获得合作社（按 2.19 美元蒲式耳的市场均价）支付的玉米销售收入外，还可以获得 1.58 美元蒲式耳的附加值返还，成员的投资报酬率达到 45%。随着该合作社净利润的不断增加，其股票利润也逐年上涨，与 2003 年相比，2004 年每股红利现金返还上涨约 64%，总返还额上涨约 70%。同样，投资入股的社员收入也将随着股票利润的上涨而增加。伦维尔市新一代合作社通过对初级农产品的加工，延长农产品的加工链，提高了农产品的附加值和竞争力，为国内和国外市场提供适销对路的产品，并促进农产品的对外出口。如南部甜菜合作社生产的成品糖就销往明尼苏达州最大的城市明尼

---

① 目前我国已有很多可以看作是新一代合作社雏形的个案，但是由于这些个案本身对于新一代合作社特征的表达并不完整，本书还是以国外较为成熟的新一代合作社为案例来解释其运作模式。案例根据《中美农业合作经济组织的比较研究——以中国湖北省宜都市和美国明尼苏达州伦维尔市的比较为例》整理，原文参见：梁文洁.中美农业合作经济组织的比较研究——以中国湖北省宜都市和美国明尼苏达州伦维尔市的比较为例［J］.社会主义研究, 2006 (6): 115–117.

阿波利斯市，而其余的糖类副产品远销到加利福尼亚州圣弗朗西斯科市的农产品公司。除了糖类产品，蛋类产品也占有一定的国内外市场。如金蛋合作社在1999年就将产业拓展到爱荷华州，使产量上升了两倍之多。金蛋合作社占据了美国和加拿大10%的流质蛋类产品市场。

2. 运作特点

伦维尔市新一代合作社的初始投资资金主要来源于社员。社员通过组织合作社投资农产品加工环节以获取价值增值，并享受按股分配盈余。这种投资方式将社员的投资与利润紧密地结合起来，由于每个进入合作社的社员都付出了投资成本，所以他们既是合作社的投资者，又是农产品的生产者，所有者和生产者身份同一，这样他们自然而然会更多地关心合作社的发展，使其真正成为产业体系中的一员，而不仅仅是一个投资者。

伦维尔市新一代合作社的产权比较清晰。由于合作社采取交易份额制，每位社员出资的最高和最低金额都会受到限制，并且社员在合作社财产中所占的份额清晰，因此可防止个别社员干涉或控制合作社运营等利己行为；限制会员制提高了进入合作社的门槛，每个人都不允许自由加入或退出合作社，这使得合作社的产权具有排他性。而社员无法随意退出合作社也加强了他们的责任感。

伦维尔市新一代合作社实行交易份额制。社员有权利和义务在每年上缴固定数量的农产品，每个社员的上缴数量已经在签订合同时决定，因此可以防止农产品供给过剩和生产能力过剩的问题。而宜都市农业合作经济组织并没有事先限制农户上缴的农产品量，为了保护农户，只遵循按保护价全部收购的原则。这样，当遇到市场需求下降或其他突发状况时，公司（企业）和协会将要承担大部分责任。从这个角度来看，随着合作经济组织的不断发展，一方面，要提高合作组织对市场需求的敏感度，适时掌握好农产品的需求量，以限制农户的产量；另一方面，可让农户感受市场经济的竞争性，这样可充分调动其积极性，激励农户不断提高技术水平，生产出更多质量高、具有市场竞争力的农产品。

3. 启示

新一代合作形态是对专业合作形态的改良。新一代合作通过明确成员的权利和责任来确保成员的主体地位，通过配额制达到了社员权利和责任的对等，新一代合作社的做法，通过购买交易权，通过契约形式约束社员，使其履行义务。但在传统的合作社制度下构建的专业合作社，很少要求农民承担相关责任，责任的缺失将极大地影响到合作社的凝聚力和发展后劲，农民自己没有责任心，不能够承担相应的责任，合作社的发展就失去了根本的动力。

新一代合作在中国的某些区域具有较强的适用性。新一代合作这种合作社制度起源于北美，北美国家农业的特点是生产规模较大，机械化程度高而且作物以大宗农产品作物为主。中国的西部如新疆的某些地区，户均耕地面积达到 30 亩，机械化程度也达到较高的水平，而农产品也以玉米和小麦为主，农业生产特点与北美较为相似，在实践中来看，新疆地区自发生成的此类合作社制度较多，以后也可能是要着力推进的方向。

五、 联合社制度

（一）联合社的制度描述

《国际合作社联盟关于合作社界定的声明》倡导，合作社通过地方性、全国性、区域性和国际性的结构一起工作，来最有效地为它们的社员服务，加强合作社运动，并把这一精神确立为合作社运动的一项重要原则。合作社之间的联合与合作，对实现合作社的价值、体现合作社的本质具有重要作用。当代中国，在面对大市场的背景下，分散的合作社与分散的小农户并无本质的区别，这正是农民对合作社缺乏热情的重要原因，也是诸多小合作社有名无实的重要原因，合作社必须走联合社的道路。

联合社是由两个以上同类或关联性的合作社自愿联合、依法设立的互助性经济组织。联合社是合作社发展中理性的经济行为，是合作社在更大范围、更高层次上的又一次深度合作，而与之对应的联合社经济形态也是合作社在环境变迁中的自适应演进。联合社是农民自发进行二次合作的一种合作社制度，联合社制度就是扩大了合作范围的传统合作社制度。传统合作主要是自然人之间的合作，联合社与合作社之间或者与其他法人之间的合作。

（二）联合社制度的创新特征

联合社制度是原来的农民专业合作社为适应变化了的社会经济环境而联合建立的。合作社以及联合社制度提供的服务本身也需要服务，而这些需要农民专业合作社及其相关的企业等组织提供。作为市场主体而存在、组织化程度较低的农民专业合作社不具备足以与国内相关企业相竞争、与国际农业巨头相抗衡的经济实力，难以有效改善社员的弱势市场地位，无法扭转社员利益被蚕食、生产与发展空间被挤压的被动局面。[①]特别是国外大型农业企业利用本身农产品成本低的优势、中国农产品小规模经营成本高的特点以及 WTO 的相关规则，使得自身的农产品大肆进入中国市场，中国农业的生产与发展受到挤压。诺斯的非个人交换形式认为：如果没有"合作"状态的出现，那么专业化和分工给人们带来的好处可能被过大的交易费用所抵消。个体合作社为获取发展空间，他们将同一地区内的合作社联合起来，主要发挥沟通信息、行业自律的功能；也有的合作社将同业农民专业合作社联合起来，进一步扩大产品规模，实现规模经济；还有的是在销售环节联合，使用统一品牌，降低销售成本。

联合社更容易实现规模经济。个体合作社自愿联合组建联合社，可以在农业生产资料的购买和农产品的销售上，实现大规模购销，节省交

---

① 张娟.农民专业合作社联合社的变迁路径［J］.农村经济，2012 (11): 121–125.

易成本和费用，争得交易价格上的优惠，产生规模经济效益，让农民专业合作社成员获得更多的经济实惠。

联合社实现更高层次的联合。我国《农民专业合作社法》明确规定，有5个以上成员就可以组建农民专业合作社。近年来，农民专业合作社虽然得到了较快发展，但专业合作社普遍偏小，入社成员100户以下居多，小合作社难以适应市场的矛盾在一些地区和一些产业开始显现，迫切需要进行合作组织的创新再造。特别是在同一地区一些规模化的农业产业基地内组建的同质的分散合作社，为了联合起来一致对外，有效避免恶性竞争，实现二次合作，建设联合社。

联合社实现合作社服务功能的拓展。随着农民专业合作社不断发展壮大，合作社原有的服务功能难以适应农民不断变化的多样化需求，需要提供一些新的服务，单个合作社势单力薄，难以实现。比如为扩大农产品销售，实现产品直销功能；为兴办农产品加工项目，实现加工增值功能；为开展信用合作，实现资金互助功能等。一些合作社开始选择联合的方式，组建联合社，利用集体共同的力量，在更大的范围，拥有更强实力，提供更经济有效的新服务。

（三）案例分析（讷河市优质高蛋白大豆种植联合社）

1.案例基本情况

讷河市优质高蛋白大豆种植专业合作社联合社（通常简称为标题中的"讷河市优质高蛋白大豆种植联合社"）是由18家在讷河市最具有代表性的各类种植专业合作社倡议组建而成，分布在讷河市的9个乡镇、66个村，入社农户7560户，社员28720人，携带耕地31.8万亩。其主导产业是非转基因高蛋白大豆种植，逐步做到农产品的产、加、销一体化，向多元化发展。[①]

它在组织机构设立上，完善社员大会、理事会、监事会的各项规程。

---

① 朱启臻.联合社的作用远非经济——以黑龙江省讷河市大豆合作社联合社为例［J］.中国农民合作社，2012（4）：33-35.

召开社员大会，推选理事会、监事会，实行一年一次的选举制度。年终董事长向全体社员报告年度经营情况，由群体社员进行经济效益和发展成果评估，根据实际情况确定理事与监事的连任或改选。联合社下设6个实质性的职能部门，分别是财务部、项目部、农化部、农服部、营销部、稽查部。

在利润分配上，实行"三次分配"：初次分配是以每市斤高出市场价0.05元向社员返利。二次分配是联社经营收益的60%按农产品交易量返还给社员、40%由联合社留用作为发展资金。三次分配是联合社留用部分的50%和营业外收入50%（包括收购社员以外的所有农产品）按资金注入量分红给各分社、50%作为联合社自留发展资金。

在经营管理上实行"九统一"。基地统一模式，经营统一计划，市场统一开拓，资金统一协调，投入品统一采购，包装统一版面，产品统一销售，技术统一指导，农机统一管理和使用。

2. 运作特点

它实现了生产经营的规模化、集约化。联合社具体落实各分社规模经营面积，并严格制定了生产规程，共落实种植基地18处，总面积19.68万亩，总产量3万吨。

实施品牌战略，提高产品附加值。工商部门注册了自己的绿色高蛋白大豆商标"十八嘉"。搭建网络平台。发挥黑龙江农合网的优势，开辟了高蛋白大豆独立网站，介绍种植品种、执行标准等相关知识，开展网络销售，组织打造讷河高蛋白大豆之乡百度竞价排名，专门对讷河市高蛋白大豆在人民网、中国农合网头版头条进行了重点宣传，引起了社会高度关注。如学田镇的高蛋白大豆通过网络竞价，每斤价格高出市场价0.11元，众多高蛋白加工企业纷纷与联合社对接、洽谈。

实行银社对接，解决融资难问题。联合社与龙江银行建立深层合作关系，采取联合社担保的方式，实行全年总量控制、动态管理发放，为合作社在生产经营各环节提供信贷服务，每户社员获得20万元的信贷授信，2011 年累计贷款 2000 余万元。经省银监局批复，由联合社各分社社员自愿入股组成新农合农村资金互助社，自筹资金 1178 万元，银行按照 1:4 比例给予低息贷款配套，这样就解决了合作社运行的资金问题。

3. 启示

联合社是提高农民组织化程度的有效途径。合作社必须走联合的道路。只有把诸多合作社联合起来，形成规模大、覆盖农户范围广泛的联合社，合作社才能有定价权，获得谈判地位，讷河的合作社联合社就达到了这样的规模。在农资购买、农产品销售过程中合作社均取得主动地位。因此，合作社的发展要克服追求数量的倾向，要重视规模和对农户的覆盖面。联合社最好以县为单位，每个县设一个联合社，这样可以适应合作社走向联合的趋势，最大限度把农民联合起来，提高其组织程度。讷河市的联合社在提升农民生产组织形式的同时，也改变了农村经济发展方式，为农田水利建设、农业机械化、农业科技的运用奠定了基础，为农业发展、农民增收创造了条件。

联合社可以在纵向与横向两个方向联合。联合社有效解决了小生产与大市场的矛盾，改变了小农户与大企业不对等的经营状况；促进了横向一体化规模化经济和纵向一体化产业经济的发展，成为引领农村经济发展的重要组织形式。横向一体化不仅实现了数千户分散农户的联合，而且实现了与金融机构的对接。纵向一体化产业经济的发展体现为：一是与农资企业实现对接，化肥企业专门为其生产质高价廉的专用肥料，实现集团购买；二是与销售市场对接，开辟了高蛋白大豆独立网站，打造自己的品牌；三是与加工企业对接。为提高原粮的附加价值和农产品商品率以及产业链条的纵深发展，积极引进高蛋白大豆精深加工企业洽谈，实行社企合资合作，形成农业产业链条。通过横向与纵向的联合与合作极大地拓展了合作社联合社的发展空间。

联合社应该表现出综合性。联合社应不再局限于是同类农产品生产者的联合，无论是合作社的成员构成还是服务内容都应体现出多元性和综合性。联合社表现出服务的综合性，与服务对象的多样性相适应，其服务内容必然是综合的：既包括多种种植业的生产服务，也包括养殖业的生产服务；既包括销售服务，也包括金融服务；既有技术推广服务，也会发展出社员的生活服务。总之合作社联合社的服务内容是依据专业合作社及其社员的要求而确定的。

第五章 合作社制度多元化发展的环境塑造
——基于观点的梳理

一、适度宽松的政策导向

农民合作社在活跃农村经济、稳定农村社会、保护农村生态环境等方面发挥着独特的作用，在新时期也不断创新着自身的发展模式，因此未来的政策导向应该给予合作社更大的创新空间，使其向着提高自身效率和活跃农村经济的方向发展。

（一）允许合作社的适度股份化

从国际经验来看，现代化的合作社不单单是生产者主导的治理结构，而且融合了股东、经理、生产者等各方的利益。这些现代化的合作社的成员是多种身份的融合，股东、经理、生产者也往往是同一批人。因此在实际运营中，从"一人一股"到适当地对部分成员增加多股的考虑，这也是合作社充分利用资金，以适当多的股份吸引管理者更加积极地为合作社工作。合作社具有股份合作发展的倾向，这也是组织的治理结构的融合，在合作社中融入了股份制因素，结合成了股份合作形态。这种体制融合了股份经济和合作社的双重优点，合作社更加趋向于综合的治理结构。[①]未来中国的发展，股份公司可以融入合作社的成分，合作社也可以融入股份经济的成分，公司与合作社的界限愈加不明显，合作社

---

① 蒋玉珉.股份合作制比较分析［J］.当代经济研究,1998 (7):20-24.

处在这新旧交替的时代，未来的合作社股份化倾向将是持续的过程，因此政府对于合作社的股份化倾向，不应该抵制，而应该支持。

（二）支持合作社的现代化改造

合作社在剧烈的市场竞争中产生的制度演进，最终目的是提升自身的经营效率，现代化的合作社在股权结构上引入可交易的股份，这包括在成员内部允许转让的股份和非成员也允许拥有的股份，这种新型的合作社结构在某种程度上使合作社走出了融资困境。同时在运营中，现代企业的一些手段和形式可以被借鉴，比如企业的营销方式、对于管理人员和员工的激励等，这也直接提高了合作社的市场竞争力。因此政府在规范合作社发展的同时，应该允许和支持合作社的现代化改造，使其能够达到更高的效率水平。同时在现阶段对于合作社的认识不能简单限制于农业方面，在非农行业里面，也可以发展合作社，合作社发展需要更为广阔的环境，合作社不排斥企业的治理结构，有企业化发展方向，但企业化仅仅是手段，合作社发展的最终目的还是以成员的利益最大化为考虑。

（三）减少合作社的政策依赖

一直以来，政府过分注重"短、平、快"的扶持手段，对合作社的扶持已经造成政府与合作社之间的过分亲密关系，一些合作社难以保证独立的经济主体的地位。同时，政府的大力扶持也造成合作社对政府的期望太高，离开政府的扶持，合作社就缺乏生命力，这也正是一些经济学家对我国合作社的发展不抱乐观态度的原因之一。资金扶持、税收优惠、技术援助等是各国政府扶持合作社发展的主要手段。除此之外，宣传合作价值和精神、在合作社内部培养有奉献精神的合作社领导人、支持合作社的教育与培训等，也是政府扶持合作社发展的重要内容。前面几种扶持方式力度大，见效快，成绩更容易显现，是"短、平、快"的扶持手段，也是目前实践中政府扶持合作社发展的主要方法。然而，政府的扶持政策涉及公共资源的分配，就需要讨论政府财政扶持的效率问题。虽然每种扶持手段都可以达到一定的目标，但同时也是有成本的。在政府扶持项目的选择上，原则上应当首先将扶持资金用在成本低、收益高的项目上。遵循这一原则，目前我国政府扶持合作社的首要工作应当是合作知识的宣传以及教育和培训。原因在于，虽然前面几种扶持方式力度大，见效快，但是后面几种扶持手段则更有利于合作社的长期、健康发展。

（四）加大对合作社的金融支持

目前我国合作社的资金来源主要以农民自筹为主，存在严重的资金约束，限制了合作社的事业规模，导致在农产品标准化生产、市场开拓等方面与专业化的大公司差距太大。由于没有一定规模的财产作为抵押，交易中承诺的可信度低，履行合同义务的可约束性很脆弱，因此，商业资信低下，很难从事大规模的销售活动；不能构建自己的标准化生产体系和销售网络，很难向农户提供有效的信息和技术服务，难以单独拓展市场。因此，政府应重点对其加强金融、财政等方面的支持。虽然政府的财政资金可以支持合作社发展，但政府的财力毕竟有限，不可能使财政资金成为解决合作社资金问题的主要手段。在目前的农村信贷体制下，我国合作社获得的金融服务是十分有限的，在紧缩银根时，其信贷更容易受到压缩。政府应鼓励国家政策性金融机构和商业性金融机构采取多种形式和渠道为合作社提供无息、低息、减息、长期等优惠贷款等金融服务。各级政府可根据财力每年安排一定数量的财政资金作为合作社的贷款贴息，实行低息贷款，或由政府担保贷款。一方面，要把对合作社的信贷业务纳入农业发展银行的业务范围，并作为重要业务，鼓励商业银行（信用社）为其提供生产经营、设施投资等金融服务等。特别重要的是，对制度健全、绩效良好的专业合作社积极试行流动资金贷款的信誉担保制度，并逐步扩大信誉担保范围及贷款额度。

二、对新类型合作社的分类规制与引导

(一)土地股份合作社

明晰农地的产权界定。农户要以土地承包经营权入股,其前提是他要拥有稳定的承包经营权。因此在承包期内承包经营权的稳定对通过股份合作制实现土地适度规模经营的改革至关重要。为保证农户拥有稳定的、排他性的承包经营权,应加强立法工作,任何人不依法定程序不能取消农户的承包经营权。稳定农户的土地承包经营权,要做好两方面的工作,一是认真落实土地承包期的延长政策,赋予农户长期稳定的承包经营权,促使其增加对土地投资,提高土地生产效率;另一方面要在大稳定的前提下兼顾公平,人地矛盾突出的地方,要随人口变动适当做出小调整,但必须严格限制条件,调整时间也要尽量延长,千方百计地确保农户对承包土地的稳定感。[①]

适时引导与规范。通过土地股份合作社实现土地的适度规模经营还是一种新事物,存在很多思想疑虑和意见分歧,因此,国家应根据农村土地股份合作改革面临的实际问题,及时出台有关指导和规范的法规,在通过股份合作制实现土地适度规模经营的改革过程中,维护各当事人的合法权益,保证改革顺利进行。另外,还要加强对耕地的保护。土地股份合作社将土地集中进行统一规划和开发,会产生新一轮的"圈地运动",这种担心也有一定的道理,因此政府部门要加强制定划分基本的农田保护区、工业开发区、商贸住宅区的若干规定和控制指标,"三区"划分方案要政府有关部门审批,加强政府的监督管理职能。对于只有土地承包经营权入股、仅发挥土地流转中介作用、不直接从事农业生产经营活动的土地股份合作社,允许具备条件的地方自主实践,但不宜在全

---

① 李小瑞.农户土地承包经营权入股农地股份合作社的意愿分析[D].浙江大学,2007.

国范围内提倡。① 土地是农民的命根子，根据目前我国农民的收入水平和结构，土地仍然是绝大多数农民生活保障的主要支撑。应当允许根据本地实际，探索通过土地股份合作社促进土地流转和发展现代农业的有效途径。同时要继续密切关注这类合作社的发展，并引导其逐步规范，健全合作社风险防范机制、成员退出机制，鼓励入股农民承租合作社土地发展农业规模经营。

建立和健全运行机制。农村土地股份合作社的规范运作是其发挥制度优势的前提。目前，土地股份合作社还处在试点阶段，实际运作中还存在多方面的问题，包括治理结构不合理、股权设置不科学、股权封闭等等。因此，我们要逐步完善土地股份合作社的规章制度，建立健全管理和自我约束机制，确保其规范运作；促进土地股权从"准土地股权"走向真正的股权，主动开放封闭性的股权，提高股份合作组织产权的多元化程度；促进股权流动，增强农民的竞争和风险意识；建立健全"三会"，实行一人一票制，充分发扬农民当家做主的精神，加强对董事会的民主管理和监督；引进有才能的职业经理人，建立、健全土地股份合作社的运行机制，实现农村土地股份合作社的市场化，增强其竞争力。

给予土地金融支持。在土地使用产权证颁发以后，土地合作社也就具有了合适的抵押品，所以银行贷给合作社资金，一方面不违反银行对贷款的营利和安全的双重追求，另一方面合作社获得了进一步发展所必需的资金，是双赢的结果。但是，实际上我国的金融机构对于农地的抵押，还存在着一些条条框框的束缚，所以建议从实际出发，修改一些不合适的制度和程序，使得双赢的结果得到实现。② 另外，土地合作社刚刚成立，抵抗风险能力弱，建议保险公司主动介入土地合作社，量体裁衣，从各

① 孙中华,罗汉亚,赵鲲.关于江苏省农村土地股份合作社发展情况的调研报告[J].农业经济问题,2010 (8):30-35.

② 中央党校经济学部调研组.土地合作社：一种新的农地经营模式——徐庄土地合作社的调查与思考[J].理论前沿,2009 (2):36-38.

地具体情况出发，开发合适的险种，尽最大努力规避自然灾害风险和市场风险。政府可以考虑把一部分支农资金用于合作社贷款贴息，或者对于保险公司的税收优惠等等，从而达到集聚资金发展现代农业，完善农业风险分摊的目的。

（二）社区股份合作社

进一步明晰公共产权。社区股份合作社明晰产权的任务还远未完成。首先，集体股尚未完全退出舞台。集体股是政社政企不分、行政干预的经济基础。目前，在大部分实行社区股份合作社的地方存在着集体股，且比例还很高，使得既得利益团体在"维护集体经济"口号的掩盖下，进行行政干预，特别是经营项目、分配方案等重要决策的制定是干部说了算，各种提留的比例很大，干部的分配和行政开支不公开，这实际上相当于庞大的集体股分红。其次，个人股份的产权严重残缺。强大集体股会削弱个人股份产权，如个人只拥有分配股份的名义所有权，只能据此参与分红，没有处置权，不能转让、买卖、抵押等等。没有所有权，再加上产权不能流转，离开社区就意味着个人产权的丧失，人们也就不愿离开社区，这就阻碍了社区劳动力向外部转移和分工分业的发展，形成强烈的社区封闭。第三，社员个人行使产权困难。产权是否完备，除了要看权利束的结构，还要看所有者是否能够充分地行使产权。普通股东行使权利主要是出席股东代表大会。虽然社区股份合作组织普遍引入了股份公司的治理结构，成立了股东代表大会、监事会等组织机构，但这些组织基本上还没有发挥作用，不少形同虚设。大多数村很少召开股东代表大会，因而村民股东缺少行使自己权利的机会。根据笔者的调查，大多数的社区股份合作社每年仅召开一次股东代表大会，召开两次以上的很少。调查显示，大多数时候普通股东参加股东大会只是听取负责人的报告或宣布事宜，人事安排、项目建设、分配方案等重大事项，都是由上面决定的，普通股东只是被动接受，有时也采取投票表决，但仅仅是形式。可以想象，如果普通村民股东参加股东代表大会也不能发表自己的意见，就会影响他们出席股东大会的积极性。农民群众参与社区管理和监督的权利得不到体现，这使他们依然深刻地感到自己手中的股权是"虚权"。

避免社区福利主义。困扰农村社区股份合作社产权制度的另一个重要问题是重分配的价值取向，社区分配性努力最大化，形成了浓厚的社区福利主义。社区型农村股份合作社通过折股量化落实产权，并按股分红，但是，基于平均主义的传统思维定式，折股量化实质上考虑的是福利分配人人有份，股权分配主要以社区成员的"天然"资格为依据，差别仅仅体现在年龄上，并没有真正体现贡献和效率。而且，大多数社区股份合作组织每隔二三年就要调整一次股份，对变动人口的资格进行认定，也是为了在动态上保持公平。[①]

持续研究与关注。对于实践中兴起的社区股份合作经济，我们要密切关注它的发展动向，特别是要根据经济发展的内在要求和绝大多数农民的意愿，来自觉地完善它。在集体股的设立及继承权问题上，可以充分尊重农民的选择，在对股金分红的限制上，也不要一刀切。产权结构的封闭性是不利于社区股份合作经济今后发展的一大因素，如何打破社区股份合作经济的封闭性，是值得探讨的一个问题。目前社区股份合作经济主要兴起于非农产业高度发达的地区，它在传统农区有无适应性，也是一个需要探索的问题。[②]

（三）新一代合作社

鼓励合作社介入增值环节。目前我国的农民专业合作社，普遍从事的是初级农产品的销售服务业务，生产合作和流通合作可以促进农民增收，但增收空间有限，且易受农产品供给条件影响，增产不增收的问题

---

① 刘爽,郭淑缓,李志伟.农村社区股份合作制研究［J］.农业经济,2012 (2):
39-41.

② 陈吉元.深化农村社区股份合作经济问题的研究［J］.中国农村经济,1992 (11):
6-7.

无法从根本上得到治理。同时，如果只是单纯地将粮食交给合作社中的大户，那么粮食在销售环节产生的利润只会落入大户的口袋，无法实现"提升合作社为社员提供服务的自助能力，让合作社自己的手解决自己的问题"的目的 ①，所有这些都影响了合作社的发展。借鉴美国新一代合作的经验，成立农产品增值加工专业合作社或者在部分具备条件的地区率先成立有加工处理功能的综合合作社，应成为今后我国合作社发展的重点。

创新合作社的股金筹集机制。当前，我国合作社的成员收入水平普遍较低。因此，不可能设定过高的出资制度，但可根据各成员收入能力、合作社的规模等适当提高成员的出资额，实行出资额与销售量相联系的机制。同时，借鉴美国新一代合作的做法，制定吸引资金投入的灵活机制，允许"投资"农民的存在，以提高合作社的资金实力。有条件的合作社，特别是从事农产品精加工的合作社可以享有发行投资股金的权利。当这些合作社需要设备改造、技术引进、市场开拓时，可在原有资金不足的情况下，经成员大会讨论决定，在成员中筹措投资建设资金。投资股金与入股金有所区别：投资股金可享有高于银行利率支付利息，但不像入股金那样在经营过程中承担风险、参与分红。②

鼓励专业合作的机制创新。我国目前合作社大部分是实行入社自由和退社自愿的原则，而且强调资本报酬的有限原则。这使得合作社对外部资金缺乏吸引力，资金只能由社员入股资金组成；由于社员人数有限，合作社资金实力非常弱小，难以有效开展各种经营活动。而新一代合作社则通过要求社员承购大量股份的办法，首先从社员获得大量资金，其次还通过发行优先股，吸收外部投资者的资金获得大量资金。新一代合

---

① 苑鹏.《农民专业合作社法》关于政府与合作社关系的立法定位 [J].青岛农业大学学报：社会科学版，2008 (3): 13–16.

② 余丽燕,郑少锋.美国农业合作社筹资经验及启示 [J].经济纵横，2007 (4): 59–60.

作社的这种运行机制值得我国借鉴。具体地说，在我国的农民合作社发展过程中，要注意对传统的合作社运行机制的创新，一方面要提高入社社员的股金，同时也要制定吸引外部资金投入的机制，以吸引外部资金的投入，提高合作组织的资金实力。①

（四）联合社

赋予联合社法律地位。合作社的联合与合作是合作社理论中的应有之意；联合社形态的发展在我国已初露端倪，部分典型联合社形态的发展已取得初步成效；联合社形态、联合体在国外的发展已初具规模，已成为合作社发展的重要趋势。政府应充分认识联合社形态的地位和作用，尽快在全国范围内赋予联合社形态法律地位，为联合社形态的发展提供法制保障。在社会主义市场经济体制下，合作社作为独立的法人主体，其联合的选择是一种市场行为，是各合作社成员自主、自愿、自决的结果。但在总体上，我国农民专业合作社发展还处于初期阶段，合作基础上的联合还有待探索和完善。纵观当今世界各国，政府不同程度地干预合作社发展包括合作社的联合是一个普遍的做法。在我国，《农民专业合作社法》虽然没有就合作社的联合做出具体规定，但是根据法律精神，应当把联合社形态作为合作社的一种发展形态，及时给予指导、扶持和服务。

推进同质合作。专业合作社与其他市场主体相比，仍旧势单力薄，根本无法获得公平的竞争地位，因此促进合作社之间的联合与合作应成为国家政策的重要取向。②同质合作社之间组成的联合社，是一类市场主体，参与市场竞争，同质性组织更注重组织本身的利益诉求，以适应市场竞争的需要，应促进同质合作社之间的联合，以解决目前单个合作

---

① 郭红东，钱崔红.北美新一代合作社的发属与启示［J］.农村经营管理，2004(5):15-18.

② 刘同山，周振，孔祥智.实证分析农民合作社联合社成立动因、发展类型及问题［J］.农村经济，2014(4):7-12.

社在市场竞争中遇到的障碍。[①]

探索联合社内部的信用合作。目前已有不少农民专业合作社开展了以资金互助为主要内容的信用合作试点。由于农民专业合作社开展信用合作只能限定在合作社成员内部进行，单个农民专业合作社成员较少，资金互助的规模难以做大，形成不了规模经济，在一定程度上也制约了农民专业合作社信用合作事业的发展。但是，农民专业合作社联合社成员要比单个合作社多得多，由农民专业合作社联合社开展以资金互助为主要内容的信用合作试点，可以做到更专业、更经济，这也将可能成为农民专业合作社联合社的一个发展方向。有条件的地方可以像组建农民专业合作社销售合作联合社一样，组建农民专业合作社信用合作联合社，探索开展信用合作试点。

三、合作社多元发展的法制补偿

从当前法律制度上来看，目前的合作社制度演进处在一个法律调整的盲区。2007 年实施的《农民专业合作社法》更加强调专业合作，其目的是引导普通农民建设单一的、涉及某个具体领域的合作社，而不鼓励非专业合作形态的合作社。这个立法意图在现阶段有一定道理，比如可以使合作社发展更加稳妥一些，使合作社和监管者都可以积累一定的经验，而不是急于创建涉及多个方面的合作社。[②]《农民专业合作社法》从法律定义上，法律的调整对象排除了传统体制下转型而来的社区合作组织、供销合作组织，也排除了改革开放中出现的农村金融组织和农村专业技术协会，仅仅锁定在农民自我兴办，并且开展经营活动的合作社。但是从目前农民专业合作社的发展现状看，即使是农民自我兴办的合作

---

① 任大鹏语，转引自吴岩.联合社发展专家谈［J］.中国农民合作社，2010 (12):18-20.

② 王曙光.农民合作社：全要素合作，自生能力与可持续发展［J］.农村经营管理，2008 (11): 33–35.

社,类型也十分丰富,早已突破了法律的界定范围,出现了农村沼气、劳务、乡村旅游、传统工艺品等覆盖农村二、三产业的经营类和服务类合作社,而这些类型的合作社在注册登记中遇到了法律障碍,并诱发了一些地方法律法规的"创新",即突破《农民专业合作社法》上位法,在地方制定的《农民专业合作社法》实施办法或条例中,给予其合法性。但是按照法律规定,地方性法规的制定前提是"不同宪法、法律、行政法规相抵触",因而某些地方性法规受到质疑。[1] 但需要指出的是,该法所规范的农民专业合作社,只是合作社中的一种形式,主要针对那些成员联结比较紧密、直接从事生产经营活动的合作社。[2] 而我国各地农业发展水平不一,农民对合作的需求多种多样,现实中存在多种形式的合作社,对于这些尚处于发展初期、联结比较松散的合作社,政府要给予鼓励和支持,充分发挥其组织农民参与生产经营的作用,绝不能进行强行规范。[3]

(一)调整范围

土地股份合作纳入调整范围。农村推行农村土地股份合作社制度,建议进一步完善农村土地产权结构,在保持农村土地产权完整性的同时不断提升农村土地产权的完全性。建议在今后农村土地股份合作社发展的制度安排上,尤其要对确权的农村承包土地和实名的社区集体资产及用于土地承包经营权与资金、技术等生产要素共同参股、直接从事农业生产经营活动的土地股份合作社,可以纳入农民专业合作社的规范范围,完全纳入《农民专业合作社法》的调整范围,享受相应的优惠政策。[4]

---

① 苑鹏,宫哲元.关于《农民专业合作社法》修订若干问题研究的文献述评[J].农业经营与管理,2015 (5):24-30.

② 董长海,张广智.我国农民专业合作社产生及发展探析[J].河南农业科学,2009 (12): 5-8.

③ 经庭如,储德银.政府扶持农村合作经济组织发展的税收政策探讨[J].铜陵职业技术学院学报,2008(4): 1-5.

④ 胡勇.农村土地股份合作社的制度基础及治理机制研究[J].农业经济,2014 (1):79-81.

土地股份合作社或土地流转合作社是引导农民将土地流转给专业合作社经营，是完善农村土地流转方式的一种创新，有利于土地资源的优化整合和农业产业化发展，有利于保障农民长期而稳定的收益，也有利于加快农民的非农化转移和农村城镇化进程。孔祥智曾提出现实中土地股份合作社很多，事实上已经到工商管理部门注册为农民专业合作社，这次修法应该纳入，并应对其分配方式进行专门界定。① 随着农村家庭承包经营制度进一步完善，农村土地承包经营权确权登记颁证工作深入开展，农民家庭承包土地的权能不断丰富，以承包土地经营权出资、兴办土地股份合作社的现象越来越普遍。党的十八届三中全会《决定》强调指出："依法维护农民土地承包经营权，赋予农民对承包地占有、使用、收益、流转及承包经营权抵押、担保权能，允许农民以承包经营权入股发展农业产业化经营。"张晓山建议为了保护农村家庭承包经营户在合作社中的利益，完善合作社出资结构，修法时增加承包土地经营权作价出资入股合作社的内容。②

为社区股份合作制定发展政策。党的十八届三中全会《决定》明确指出："保障农民集体经济组织成员权利，积极发展农民股份合作，赋予农民对集体资产股份占有、收益、有偿退出及抵押、担保、继承权。"社区股份合作社作为我国村级集体经济存在和发展的一种外在形态和组织载体，在农村集体产权制度改革和发展壮大农村集体经济过程中具有重要意义，迫切需要赋予其法律地位。③ 同时，农村社区合作社的层级划分依托、配合我国的行政区域体系，更有利于其享受国家各级政府对合作社的扶持、帮助政策。各个层级的农村社区合作社是各级政府同单

---

① 孔祥智.《农民专业合作社法》修订应关注5个问题［J］.农村经营管理，2015 (4):21-23.

② 李二超，张晓山.修改《农民专业合作社法》要注意几个问题［J］.中国农民合作社，2014 (4):8-11.

③ 李二超，张晓山.修改《农民专业合作社法》要注意几个问题［J］.中国农民合作社，2014 (4):8-11.

个的合作社社员之间最天然、最有效率的桥梁，也是这些政策当然的享受者。^①

明确农民专业合作社联合社的法律地位。合作社法没有涉及合作社之间的联合，即联合社问题，这是本法的最大缺陷之一。关于法律地位的地方立法中，部分地方将联合社与合作社一样视为法人组织，而部分地方认为联合社是一类社会团体，部分地方并没有明确。建议符合条件的农民专业合作社联合社可以在立法中明确为法人组织，法人拥有独立核算、独立开展业务的权利，同时独立承担相应的民事责任，这样做一方面可以使得联合社与基层合作社取得在法律地位上的一致性，更易于实现合作社的联合。^②总之，应赋予农民专业合作社联合社法律地位，支持其在法律框架下开展业务活动。各级人民政府应当鼓励和支持农民专业合作社在生产经营活动中自愿开展联合与合作，扩大生产经营和服务规模，提高市场竞争力。允许同类或不同类农民专业合作社以及相关企业和经济服务组织自愿成立、共同组建跨区域、跨行业的联合社。^③如果联合社问题被纳入法律，那么必然要涉及联合社的决策方式，合理的方式应该是在基层合作社，社员享有平等的投票权（一人一票），其他层次的合作社也要实行民主控制。在许多第二级或第三级合作社（即合作社联合社）里，采取的是按比例投票的制度，以反映不同的利益、合作社的社员规模和各参与合作社的承诺。^④

（二）成员准入

对农民加入合作社，总体上要坚持入社自愿的要求，但应有恰当的限制。因为社员资格过于封闭，则会出现服务范围过窄、规模偏小、资

---

① 郭伟.农村社区合作社的实践基础与法律制度构建［D］.山西财经大学,2015.

② 李阿姣,李莹.农民专业合作社联合社的发展困境探究［J］.淮北师范大学学报（哲学社会科学版）,2014(6):67-70.

③ 闫石.农民专业合作社联合社发展研究［D］.中国政法大学,2010.

④ 孔祥智.《农民专业合作社法》修订应关注5个问题［J］.农村经营管理,2015(4):21-23.

金筹集难等情况，会限制合作社的发展；过于开放，则鱼目混珠，难以协调和管理，组织涣散，效益不佳。合作社应根据自己的性质、经营服务项目和所处环境的特点，保持适当的规模，同时对外保持有条件的开放，这样有利于合作社资金的筹集和长期发展，保持合作社的活力。[①]徐旭初提出在坚持入社自愿原则的前提下，合作社的成员资格固然不宜统一规定，但也不宜过分依从设立人的意见，应通过一定的法律规定使得合作社的成员资格问题具备实质上的可操作性和可监控性。[②]崔宝玉认为必须要求成员入社必须入股，每个合作社都要规定基本股金，资格股金是按交易量分配的依据，《合作社法》在修订中需规定资格股金额度。资格股金额度不能太高，防止合作社排斥穷人；同时，资格股金额度也不能太低，否则，核心成员出资依旧占比较大比例，无法搭建按交易量返还股金同质性的基础。此外，社员入股还能扩大合作社资金来源，有利于强化社员的组织归属感，对合作社建立起合理的分配制度，增强发展能力，都具有积极的意义。[③]

（三）外来资本

张晓山认为按照目前《农民专业合作社法》的规定，许多非合作社性质的龙头企业都可以堂而皇之地挂起合作社的牌子，这样的结果会使真正的农民自我服务的合作社难以得到发展。[④]由于内部利益机制构建的困难，又缺乏有效的履约监督保障，合作社和农户貌合神离。企业成员和农民成员之间力量对比悬殊，很难成为利益共同体。它们的作用仅局限于解决农民"卖难"的问题，并不能从根本上解决农民自身成长

---

① 李秀丽,李东海.《农民专业合作社法》实施中相关法律问题探析［J］.青岛农业大学学报：社会科学版,2009 (2):113-115.
② 徐旭初.谈《农民专业合作社法》实施中的问题及相应的修法思考［J］.中国合作经济,2012 (7):29-32.
③ 崔宝玉,李晓明.资本控制下合作社功能与运行的实证分析[J].农业经济问题,2008 (1):40-47.
④ 张晓山.农民专业合作社应朝什么方向发展[J].中国老区建设,2009 (2):13–14.

的问题。龙头企业是在钻政策的空子，属于典型的唯利是图的企业投机行为。他们主张，对于大型龙头企业加入合作社应当严加限制，对于当地具有垄断性质的龙头企业，地方政府应当限制它们加入合作社，以免它们通过戴上合作社的"红帽子"，控制农民的原料或产品市场，取得政府的各种优惠政策。[①] 比如，世界银行高级经济学家傅安恒（Achim Fock）和中加农业发展项目专家查添木（Tim Zachernuk）就认为，农民专业合作社的首要任务是使农民能够自己帮助自己，一定要让农民起主导作用，不要让企业过多地加入，因为企业与农民的初衷是不同的。[②] 但是为了解决合作社发展中遇到的资金、技术问题，给合作社多种形式的发展留下空间，我国应当借鉴其他国家合作社相关立法经验，放宽对农业合作社成员的身份限制，吸收一些拥有资金或技术并愿意以合作社的方式投资的龙头企业为合作社成员。为了确保合作社不被企业成员控制，从而保持"农民合作"的纯粹性，可以通过限制资本投票权和收益率，以及非农民成员的数量等方式加以解决。[③]

张晓山认为，在现实经济生活中，对所谓的龙头企业还应做具体区分。合作社的一条重要原则是，它扎根于当地社区之中，以促进当地社区发展为其宗旨之一。一些本地农民兴办的企业领办合作社或专业技术协会，在他们自身受益的同时，也带动了其他农民收入的增加、增强了他们抵御市场风险的能力，最终促进了当地社区经济社会发展。这种经济现象有其存在和发展的合理性，即使这样的公司和农户社员之间的互利关系还不是完全平等的。但对外来工商企业试图进入合作社或领办合作社，圈钱圈地、套取优惠政策的现象，一定要保持警惕，防止侵犯农民社员利益和败坏合作社形象的事件发生。具有成员资格的也包括一部

① 包宗顺.农民专业合作社发展中的新情况［J］.江苏农村经济，2008 (9):36-37.
② 张红梅.农民专业合作社法人财产制度刍议［J］.农村经济与科技，2008 (3):74-75.
③ 王梅.完善我国《农民专业合作社法》的立法思考［J］.安徽农业科学，2008 (5):2157-2158.

分直接从事初级产品生产或从事农业服务的农业企业。为了确保我国的农业产业安全和农民合作社的健康发展，防止外商通过领办参办合作社，从源头上控制我国粮食生产、在农村地区渗透境外意识形态，对我国粮食安全和农村基层治理机制产生不利影响，张晓山建议将现行法中的"企业"进一步限定为"中国内资企业"。

（四）监管问题

法律应加强对农民专业合作社的日常监管和年度监管，日常监管主要包括两方面：一方面建立、健全定期回访制度，向农民专业合作社定期宣扬与国家有关的宗旨及相关部门出台的法律条文和法律规范，帮助其切实解决实际困难。对于上交资料有误或采用诈骗方式的，主管部门有权撤销农民专业合作社登记。另一方面，创建并完善相关的监察机制，核实农民专业合作社注册事宜的变动是不是得到了相关部门的审批等。

实践中，主管部门不明确已经成为一些农民合作社财务管理不规范、治理机制不健全、利益分配不公平的一个重要因素。同时，由于涉及农民合作社发展的部门之间职责不清，在制定合作社发展政策、为合作社提供资金项目支持、确立合作社规范发展的标准、查处合作社违法行为、保护合作社及其成员利益等方面存在着扯皮推诿、监管不力等问题，迫切需要在法律中建立一个对农民专业合作社进行有效管理的体系。张晓山认为由于这个问题涉及多个部门，较为敏感，建议在地方政府各个相关部门之上成立一个协调领导小组来统一指导、扶持、服务、协调和监管农民专业合作社。①

（五）盈余分配

孔祥智认为必须修改当前合作社法中有关盈余分配的原则，通过法律的引领性与规范性作用，进一步完善我国合作社的盈余分配制度，

---

① 李二超，张晓山.修改《农民专业合作社法》要注意几个问题［J］.中国农民合作社，2014（4）:8-11.

进而促进合作社发展的规范化。首先，盈余分配应提取公益金，并强调合作社公积金中至少有一部分是不可分割的。他建议，需要在修订的合作社法中增加在盈余中提取公益金的要求，并明确指出合作社公益金的主要作用，即用作社员教育、培训等福利事项。至于提取的具体比例由合作社内部讨论决定。在公积金是否可分割的问题上，应遵循 1995 年的国际合作社原则。该原则指出"合作社必须有一部分公共积累不可分割"，这一原则在 1997 年的国际合作社联盟代表大会上正式通过。[①] 苑鹏提出，完善合作社的盈余分配制度应纳入修法当中。一是完善合作社的分配原则，按照合作社为成员服务的根本宗旨，坚持盈余"从哪里产生、就回到哪里"，风险与收益对等的基本分配原则，根据成员对合作社盈余的贡献份额分配，具体比例由合作社章程规定。二是完善公积金制度。在合作社存续期间，可以考虑遵循经济组织通行的一般法则，规定公积金的最低提取比例，如 5%，并且提取的公积金不分割到成员账户，以充分体现公积金的原本意义，通过扩大再生产，增强合作社的实力。[②] 任大鹏则认为，现行法中规定了 60% 以上的惠顾返还原则，有人提出这忽视了资本在合作社中的作用，忽视了资本贡献者其实是合作社经营风险最终承担者的事实，所以主张改这个规则，应该更多体现资本报酬。[③]

---

① 孔祥智，周振. 分配理论与农民专业合作社盈余分配原则——兼谈《中华人民共和国农民专业合作社法》的修改 [J]. 东岳论丛，2014 (4):79-85.

② 苑鹏. 关于修订《农民专业合作社法》的几点思考 [J]. 湖南农业大学学报 (社会科学版)，2013 (8) :19-21.

③ 任大鹏. 合作社法修订的几个问题 [J]. 农村经营管理，2014 (4) :28-30.

第六章 总结与展望

合作社发展的历史潮流势不可挡，在短短几年的时间已经覆盖了华夏大地，可见其波涛之汹涌。本书采用了一个观察者的研究视角，就是要看清楚这股大潮何去何从，而又是什么掀起了如此巨大的波澜。

纵观当前的合作社，在理论层面传统的合作社原则被不断突破与革新，在实践中新的合作社制度层出不穷，基于此本书确立了从具体的变化现象中找寻更深层次的制度演进机理，从学理上来解释合作社制度演进问题。本书确立了三个具体研究目标，包括合作社制度演进动因与演进规律、合作社制度演进的创新特征与合作社制度多元化发展环境的塑造。这三项任务的研究过程中，现阶段中国合作社的制度演进问题被重新认识，诸多的新思路被提出。

合作社制度演进具有历史必然性。合作社的发展史就是合作原则不断地被修正的过程。尤其在当代，随着世界经济的发展，市场竞争形态、社会阶层状态、外部环境等都发生了根本性的变化，传统合作社发展思路越来越不能适应市场竞争带来的挑战，不能适应成员的新要求，于是就产生了合作社制度的演进。中国的合作社制度也处在一个大变革的环境中，原有的经济形态由于过于保守，而无法获取市场变化带来的额外收益，致使某些传统合作社特征被这个时代看作是合作社的内生缺陷，倒逼合作社做出妥协，默许了在一定范围内的原则松动，这些变化在经历了一个从量变到质变的过程之后，最终形成了形态的演进。

中国合作社制度演进的方向是有规律可循的。制度演进的诱致因素是期望获取最大的潜在利润，因此合作社在社会主义市场经济环境下，打破了原本的制度均衡，而其突破的方向则是可以使新环境带来外部利润出现的地方。现实中可以观察到合作社制度的很多变化，合作社理论，尤其是与新制度经济学结合的合作社理论为我们提供了解释与分析这些变化的工具，使从整体上系统地把握合作社制度演进成为可能。本书在此的分析并不只是停留在较为抽象的制度层面，对问题的论证即采用了定性的理论推导，由采用案例和定量的实证研究，得出了制度演进是具有创新效益的结论，证明了其演进的合理性。

中国合作社的演进并没有突破合作社的制度边界。长期以来，国际合作联盟制定的合作基本原则被认为是传统合作社的制度边界，但是这些原则只能成为经营原则，并不具备合作社理论自身所应有的本质规定性。过去几十年中，世界各国的合作社已经顺应全球经济的变化发生了很大的改变，各国达成了发展具有更大包容性的现代合作社的共识。同时，中国合作社的制度演进在任何一个方向上都不可能是无限延伸的，必须被规制于合作社的制度边界之内，因为只有保证其合作社的属性才能确保其在中国广阔农村地区的社会效益。从发展的实践来看，部分合作社组织的实际运行更接近企业，这只是因监管缺失造成的"假合作社现象"，而现今出现的许多合作社制度的创新形态在理论上依然保持着合作社的本质属性。

薛暮桥先生在观察 20 世纪 30 年代中国农村经济的时候曾说过："'农村经济学'是经济学中一个特殊的部门，也可以说是研究农村问题的一种基础知识。在中国，农村问题的有系统的研究，大概只是十年以内的事情。而在这短短十年中间，由于经济上政治上的种种剧变，竟使农村问题一天一天严重起来，成为全国民众热烈讨论着的一个中心问题。同时农村经济的'事实的分析'和'理论的探讨'，也就引起了全国学者的特殊的兴味；虽然现今还没建立一个完整的体系，但无疑已成为一个极重要的研究对象。"① 纵观当今的中国农村合作社，不难发现其与当时的农村经济在学术界的境况颇有几分相似，想必日后也是一个"极重要的研究对象"，亦是吾辈将倾注之领域。

① 薛暮桥. 怎样研究中国农村经济 [J]. 中国农村, 1934(1): 1.

参考文献

［1］奥利佛·威廉姆森，斯科特·马斯滕编，李自杰，蔡铭等译．交易成本经济学——经典名篇选读［M］．北京：人民出版社，2008．

［2］奥利弗·威廉姆森著，蔡晓月，孟俭译．市场与等级制［M］．上海：上海财经大学出版社，2011．

［3］包宗顺．农民专业合作社发展中的新情况［J］．江苏农村经济，2008 (9)．

［4］陈吉元．深化农村社区股份合作经济问题的研究［J］．中国农村经济，1992 (11)．

［5］陈明星．加快构建新型农业经营体系［N］．农民日报，2014-02-08．

［6］陈锡文．构建新型农业经营体系刻不容缓［J］．求是，2013-11．

［7］陈秀萍．黑龙江省土地合作社发展类型选择建议［J］．安徽农业科学，2014 (24)．

［8］崔宝玉，李晓明．资本控制下合作社功能与运行的实证分析［J］．农业经济问题，2008 (1)．

［9］德姆塞茨．所有权、控制与企业：论经济活动的组织［M］．北京：经济科学出版社，1999．

［10］邓洁．农民专业合作社治理的法律机制研究［D］．湖南大学，2007 年．

［11］邓心安，王世杰，姚庆筱．生物经济与中国农业现代化［J］．研究与发展管理，2005, 17 (1)．

［12］董萍．中国农民专业合作组织发展研究［D］．山西财经大学，2007 年．

［13］董长海，张广智.我国农民专业合作社产生及发展探析［J］.河南农业科学，2009（12）.

［14］冯飞.西部地区农民专业合作经济组织发展的产权界定［J］.农业经济，2008（1）.

［15］冯开文.村民自治、合作社和农业产业化经营制度的协调演进［J］.中国农村经济，2003（2）.

［16］傅晨."新一代合作社"：合作社制度创新的源泉［J］.中国农村经济，2003（6）.

［17］傅晨.合作经济制度的传统与变迁［J］.中国合作经济，2004（11）

［18］傅夏仙.股份合作制：理论，实践及其适宜领域［D］.浙江大学，2003.

［19］高海，杨永磊.社区股份合作社集体股改造：存废二元路径［J］.南京农业大学学报（社会科学版），2016（1）.

［20］郭红东，钱崔红.北美新一代合作社的发展与启示［J］.农村经营管理，2004（5）.

［21］郭伟.农村社区合作社的实践基础与法律制度构建［D］.山西财经大学，2015.

［22］国鲁来.合作社制度及专业协会实践的制度经济学分析［J］.中国农村观察，2001（4）.

［23］国鲁来.农民专业合作社需要制度创新［J］.农村经济，2011（5）.

［24］韩国明，田智文.北美新一代合作社与中国农民合作社发展环境与参与主体的差异分析［J］.农村经济，2011（5）.

［25］何国平.农业流通领域合作组织产生和发展的原动力［J］.江西财经大学学报，2006（5）.

［26］胡光明.中国农民专业合作社法律问题研究［D］.湖南大学，2007.

［27］胡晓.社会角色视角下社区股份合作社的发展困境研究——以达

州市的 D 社区为例［D］. 吉林大学, 2013.

［28］胡新艳, 罗必良. 制度安排的相容性: 基于"新一代农业合作社"的案例解读［J］. 经济理论与经济管理, 2008 (7).

［29］胡勇. 农村土地股份合作社的制度基础及治理机制研究［J］. 农业经济, 2014 (1).

［30］花照顺, 王伟, 邹岩. 联合社——横向扩规模纵向一体化［J］. 农村经营管理, 2013 (8).

［31］黄胜忠. 转型时期农民专业合作社的成长机制研究［J］. 经济问题, 2008 (1).

［32］黄胜忠. 转型时期农民专业合作社的组织行为研究［J］. 浙江大学学报, 2007 (10).

［33］黄祖辉, 徐旭初. 基于能力和关系的合作治理［J］. 浙江社会科学, 2006 (1).

［34］黄祖辉. 研究合作社, 发展合作社——评马彦丽的专著《我国农民专业合作社的制度解析》［J］. 浙江社会科学, 2007 (11).

［35］冀县卿, 钱忠好. 农地股份合作社农地产权结构创新——基于江苏渌洋湖土地股份合作社的案例研究［J］. 农业经济问题, 2010(5).

［36］姜晓东. 农村合作经济组织的产权分析［D］. 南京师范大学, 2007.

［37］姜长云. 农村非农化过程中农户 (农民) 分化的动态考察［J］. 中国农村经济, 1995 (9).

［38］蒋晓妍. 国外农民合作社联合社的制度设计及对我国的启示［J］. 北方经济, 2010(3).

［39］蒋玉珉. 股份合作制比较分析［J］. 当代经济研究, 1998(7).

［40］蒋云龙. 北美新一代合作社的组织特征及绩效［J］. 安徽农学通报, 2010, 16 (7).

［41］经庭如,储德银.政府扶持农村合作经济组织发展的税收政策探讨［J］.铜陵职业技术学院学报,2008,6(4).

［42］科斯著,盛洪,陈郁译.企业、市场与法律［M］.上海:格致出版社,2009.

［43］孔祥智,蒋忱忱.成员异质性对合作社治理机制的影响分析——以四川省井研县联合水果合作社为例［J］.农村经济,2010(9).

［44］孔祥智,周振.分配理论与农民专业合作社盈余分配原则——兼谈中华人民共和国农民专业合作社法的修改［J］.东岳论丛,2014(4).

［45］孔祥智.《农民专业合作社法》修订应关注5个问题［J］.农村经营管理,2015(4).

［46］孔祥智.全面深化改革与农民合作社发展［J］.中国农民合作社,2014(1).

［47］雷驰.我国农村信用合作社立法研究——以合作制为中心探讨［C］.2008上海研究生学术论坛——经济民主、经济权利和法治建设论文集,2008.

［48］雷兴虎.农业合作社的法律问题探讨［J］.中国法学,2004(5).

［49］李阿姣,李莹.农民专业合作社联合社的发展困境探究［J］.淮北师范大学学报(哲学社会科学版),2014(6).

［50］李二超.张晓山.修改《农民专业合作社法》要注意几个问题［J］.中国农民合作社,2014(4).

［51］李凌.土地合作社运行机制研究［J］.山东农业工程学院学报,2015(5).

［52］李小瑞.农户土地承包经营权入股农地股份合作社的意愿分析［D］.浙江大学,2007.

［53］李秀丽,李东海.《农民专业合作社法》实施中相关法律问题探析［J］.青岛农业大学学报:社会科学版,2009(2).

［54］李秀丽，李中华.美国"新一代合作社"的发展及其对我国的启示［J］.青岛农业大学学报社会科学版，2008(4).

［55］李中华.加快促进新型农业经营体系的构建［N］.光明日报，2013-09-20.

［56］梁文洁.中美农业合作经济组织的比较研究——以中国湖北省宜都市和美国明尼苏达州伦维尔市的比较为例［J］.社会主义研究，2006(6).

［57］林德荣.新农村建设的创新模式——山东蓬莱市南山王谷土地股份合作社的个案调查［J］.农村经济，2010(2).

［58］林毅夫.再论制度、技术与中国农业发展［M］.北京：北京大学出版社，2000.

［59］刘爽，郭淑缓，李志伟.农村社区股份合作制研究［J］.农业经济，2012(2).

［60］刘同山，周振，孔祥智.实证分析农民合作社联合社成立动因、发展类型及问题［J］.农村经济，2014(4).

［61］马彦丽.我国农民专业合作社的制度解析［M］.北京：中国社会科学出版社，2007.

［62］马玉波，邢莹，韩玉梅.北美新一代合作社经验对中国林业合作社发展的启示［J］.林业经济问题，2011(6).

［63］米娜.农民专业合作社法实施的问题及对策［D］.山西财经大学.2014.

［64］钱淼，李中华，王伟."产销对接"与"产消对接"模式的比较与适用性分析——基于对合作社农产品流通路径的考察［J］.管理现代化，2013(5).

［65］任大鹏.合作社法修订的几个问题［J］.农村经营管理，2014(4).

［66］任大鹏.土地经营权入股合作社的法律问题［J］.农业经营与管理，2015(5).

［67］斯蒂格利茨,沃尔什著,黄险峰,张帆译.经济学［M］.北京:中国人民大学出版社,2005.

［68］宋刚,马俊驹.农业专业合作社若干问题研究——兼评我国《农民专业合作社法》［J］.浙江社会科学,2007(9).

［69］隋姝妍.青岛市姜家埠蔬菜专业合作社:基地＋品牌＋市场［J］.科技致富向导,2011(8).

［70］孙亚范.合作社组织文化探析［J］.农业经济,2003 (1).

［71］孙中华、罗汉亚、赵鲲.关于江苏省农村土地股份合作社发展情况的调研报告［J］.农业经济问题,2010(8).

［72］孙中华.1984—1988 粮食生产的微观探讨［J］.农村经济文稿,1989 (12).

［73］孙中华.我国已进入构建新型农业经营体系阶段［N］.中国经济导报,2013-05-18.

［74］汪新波.我们从科斯著作中学些什么——评科斯《企业,市场与法律》［J］.管理世界,1991 (4).

［75］王海龙,吴怀琴.农民合作社联合社的发展模式及思考［J］.经济纵横,2015 (11).

［76］王康如.农村土地股份合作社的运行机制及构建研究［D］.河南农业大学,2012.

［77］王梅.完善我国《农民专业合作社法》的立法思考［J］.安徽农业科学,2008(5).

［78］王曙光.农民合作社:全要素合作,自生能力与可持续发展［J］.农村经营管理,2008 (11).

［79］王烨,朱娇,孙慧倩.农民专业合作社的治理困境与对策探讨［J］.企业导报,2012 (8).

［80］危朝安.走中国特色农业现代化道路大力促进农民专业合作组织发展［J］.农村经营管理,2008 (1).

［81］温铁军.破解小农国家的困惑［J］.学习月刊, 2004 (7).

［82］吴弘毅、陈永福.中国农业合作社的现实困境与未来选择［J］.景德镇学院学报, 2014 (6).

［83］吴剑晓.上海市莘庄工业区社区股份合作社研究［D］.上海交通大学, 2010.

［84］吴岩.联合社发展专家谈［J］.中国农民合作社, 2010 (12).

［85］武光太.我国《农民专业合作社法》的立法完善——以治理结构为中心［J］.农业经济, 2013 (1).

［86］肖端.土地流转中的双重委托—代理模式研究——基于成都市土地股份合作社的调查［J］.农业技术经济, 2015(2).

［87］谢升峰,曾令香,金才敏.论社区合作经济组织向现代合作社的转变［J］.江西农业经济, 1999(6).

［88］熊雄.农民专业合作社及其运行机制研究——以瑞金市为例［D］.南昌大学, 2012.

［89］徐朴,王启有.农村土地股份合作社的实践与探索［J］.四川行政学院学报, 2008 (3).

［90］徐旭初.合作社的本质规定性及其他［J］.农村经济, 2003(8).

［91］徐旭初.谈《农民专业合作社法》实施中的问题及相应的修法思考［J］.中国合作经济, 2012 (7).

［92］徐旭初.中国农民专业合作经济组织的制度分析［M］.北京:经济科学出版社, 2005.

［93］许锦英.社区性农民合作社及其制度功能研究［J］.山东社会科学, 2016(1).

［94］薛暮桥.怎样研究中国农村经济［J］.中国农村, 第一卷第一期, 1934(1).

［95］闫石.农民专业合作社联合社发展研究［D］.中国政法大学, 2010.

［96］杨群义.对农村土地股份合作社的几点思考［J］.中国土地，2015 (11).

［97］杨群义.关于发展农民专业合作社联合社的探讨[J].中国合作经济，2012(4).

［98］杨小凯.微观经济学的发展，载于《现代经济学前沿专题》第2集［M］.北京：商务印书馆，1993.

［99］杨义坛.农民专业合作社制度绩效分析［D］.浙江大学，2005.

［100］应瑞瑶.论农业合作社的演进趋势与现代合作社的制度内核［J］.南京社会科学，2004(1).

［101］尤小文.农户经济组织研究［M］.长沙：湖南人民出版社，2005.

［102］余丽燕，郑少锋.美国农业合作社筹资经验及启示［J］.经济纵横，2007 (4).

［103］俞跃伟.宁波农村社区股份经济合作社运行机制研究［D］.上海交通大学，2010.

［104］苑鹏，宫哲元.关于《农民专业合作社法》修订若干问题研究的文献述评［J］.农业经营与管理，2015(5).

［105］苑鹏，杜吟棠，吴海丽.土地流转合作社与现代农业经营组织创新——彭州市磁峰皇城农业资源经营专业合作社的实践［J］.农村经济，2009(10).

［106］苑鹏.《农民专业合作社法》关于政府与合作社关系的立法定位［J］.青岛农业大学学报：社会科学版，2008(3).

［107］苑鹏.改革以来农村合作经济组织的发展［J］.经济研究参考，2008(31).

［108］苑鹏.关于修订《农民专业合作社法》的几点思考［J］.湖南农业大学学报（社会科学版），2013 (8).

［109］苑鹏.合作社与股份公司的区别与联系［J］.教学与研究，2007 (1).

［110］苑鹏.农民专业合作社联合社发展的探析——以北京市密云县奶

牛合作联社为例［J］.中国农村经济，2008 (8).

［111］苑鹏.现代合作社理论研究发展评述［J］.农村经营管理，2005 (4).

［112］张红梅.农民专业合作社法人财产制度刍议［J］.农村经济与科技，2008(3).

［113］张娟.农民专业合作社联合社的变迁路径［J］.农村经济，2012 (11).

［114］张梅，郭翔宇.美国新一代合作社运营机制与中国农村股份合作社经验及启示［J］.世界农业，2010 (3).

［115］张木生.美国新一代合作社的特征，绩效及问题分析［J］.现代农业装备，2006 (6).

［116］张士杰.孙中山的民生主义合作经济思想［J］.产业经济研究.2008 (5).

［117］张五常.经济组织与交易成本［M］.北京：经济科学出版社，1992.

［118］张晓辉.中国农村合作经济制度研究［D］.吉林大学，2009.

［119］张晓山.合作社的基本原则与中国农村的实践［J］.农村合作经济经营管理，1999 (6).

［120］张晓山.农民专业合作社应朝什么方向发展［J］.中国老区建设，2009 (2).

［121］张笑寒.农村土地股份合作社：运行特征、现实困境和出路选择——以苏南上林村为个案［J］.中国土地科学，2009 (2).

［122］赵波，陈阿兴.美国新一代合作组织：特征、优势及绩效［J］.农业经济问题，2007 (1).

［123］赵铁桥.对社区合作社特征、地位与作用的认识［J］.农业经济，1992 (1).

［124］赵子忱.科斯《社会成本问题》的产权思想辨析［J］.南京大学学报（哲学·人文·社会科学版），1998 (1).

［125］郑有贵.农村社区集体经济组织法人地位研究［J］.农业经济问

题, 2012 (5).

［126］中央党校经济学部调研组.土地合作社:一种新的农地经营模式——徐庄土地合作社的调查与思考［J］.理论前沿, 2009 (2).

［127］周立群, 曹利群, 农村经济组织形态的演变与创新——山东省莱阳市农业产业化调查报告［J］.经济研究, 2001 (1).

［128］周应恒.高效益、多功能、外向化——江苏现代农业产业发展现状、问题与对策.江苏现代农业产业发展论坛主题报告［R］.2005.

［129］周振, 孔祥智, 穆娜娜.农民专业合作社的再合作研究——山东省临朐县志合奶牛专业合作社联合社案例分析［J］.2014 (9).

［130］朱启臻.联合社的作用远非经济——以黑龙江省讷河市大豆合作社联合社为例［J］.中国农民合作社, 2012 (4).

［131］邹汉清.我国农民专业合作社联合社发展研究［D］.河北经贸大学, 2013.

［132］Alexander Fraser Laidlaw. Cooperatives in the year 2000:a paper prepared for the 27th congress of the International Cooperative Alliance［R］.1987.

［133］Boehkje M.Industrialization of agriculture:what are the implications?［J］.Choices, 1996, 11 (1).

［134］Condon A M.The methodology and requirements of a theory of modern cooperative enterprise［J］.Cooperative theory:new approaches, 1987.

［135］CookML.The future of U.S. agricultural cooperatives:Aneo-institutional approach［J］.American Journal of Agricultural Economics, 1995, 77 (5).

［136］Fulton M, Giannakas K.Organizational commitment in a mixed oligopoly:agricultural cooperatives and investor-owned firms［J］.

American journal of agricultural economics, 2001, 83 (5):1258–1265.

[137] Fulton M, Vercammen J.The distribution alimpacts of non–uniform pricing schemes for co–operatives [J] .Journal of cooperatives, 1995 (10).

[138] Fulton M.The future of Canadian agricultural cooperatives:A property rights approach [J] .American journal of agricultural economics, 1995, 77 (5).

[139] Fulton M, GibbingsJ.Response and adaptation:Canadian agricultural co–operatives in the 21st century [M] .Center for the Study of Co–operatives, University of Saskatchewan, 2000.

[140] Harris A, Stefanson B, Fulton M.New generation cooperatives and cooperative theory [J] .Journal of cooperatives, 1996 (11).

[141] Hendrikse G, Bijman J. Ownership structure in agrifood chains:the marketing cooperative [J] .American Journal of Agricultural Economics, 2002, 84 (1).

[142] Hueth B, Marcoul P. Observations on cooperative bargaining in us agricultural markets [M] .Center for Agricultural and Rural Development, Iowa State University, 2002.

[143] Karantininis K, Zago A.Endogenous membership in mixed duopsonies [J] .American journal of agricultural economics, 2001.

[144] McGuireMC, OlsonM. The economic so fautocracy and majority rule:the invisible hand and the use of force [J] .Journal of economic literature, 1996, 34 (1).

[145] Staatz J M. Farmers'incentives to take collective action via cooperatives: A transaction cost approach [J] .Cooperative theory:New approaches, 1987 (18).

[146] Staatz J M.The cooperative as a coalition:agame–theoreti capproach [J] .

American journal of agricultural economics, 1983(5).

［147］Zusman P.Constitutional selection of collective-choice rules in a cooperative enterprise［J］.Journal of economic behavior & organization,1992,17(3).

后　记

　　本书编写于中国合作社制度的变革前夜，受限于自己的眼界与积累，不敢奢求有何效用，只希望能从自己的视角为研究界提供一点参考。书中的观点和论据能成为体系，更多地依赖于笔者"站在巨人们的肩上"，在此对合作社领域的前辈表示敬意！尤其是社科院、浙大、人大、南农、台北、逢甲的诸位大家，给予我无限的启发，而形成了自己的心得。同时也要感谢那些笔者的同龄人，才华出众的青年才俊们，用创新的方法来探索合作社，改变了这个领域的研究格局。

　　本书是笔者博士期间的部分研究任务，又在青岛农业大学合作社学院这个科研平台得到充实，观点的讨论、数据与案例的收集皆借助此平台完成，期间受到王伟教授、李中华教授、郑丹教授、王勇教授的倾心指导与巨大帮助，在此表示衷心感谢。本书受到青岛农业大学高层次人才基金（6611115703）和人文社科重点项目（6631115738）资助。

　　本书只是笔者在合作社领域求索的第一步，虽无以回报各位前辈，但必将努力在合作社研究的道路上走得更远。书中纰漏，敬请不吝赐教。

钱　淼

2016 年 6 月于青岛